I0765943

Diana Fojcik

Brich aus!

Das 1x1 der Persönlichkeitsentwicklung

Der Weg zu deinem unabhängigen und glücklichen Leben

Inhalt

Über die Autorin

Diana Fojcik wurde am 29. Oktober 1991 geboren und ist eine bemerkenswerte Persönlichkeit, die eine faszinierende Reise des persönlichen Wachstums und der Selbstfindung durchlebt hat. Ihr Leben spiegelt die Bandbreite des Menschseins in all seinen Facetten wieder.
Diana ist nicht nur eine vielseitige Persönlichkeit, sondern auch eine ausgebildete Biologisch-Technische Assistentin. Sie hat viele Jahre in Laboren gearbeitet und somit die Welt der Wissenschaft und Forschung von innen erlebt. Ihre beruflichen Erfahrungen bereicherten nicht nur ihre wissenschaftliche Expertise, sondern halfen ihr auch, die Welt mit einem kritischen und aufgeschlossenen Blick zu betrachten.
Zwischen dem Genuss eines Aperol Spritz und der Vertiefung in spirituelle Erkenntnisse findet Diana ihre Einzigartigkeit. Sie erkennt, dass Spiritualität und weltliche Freuden Hand in Hand gehen können, und sie lebt dies in ihrer täglichen Existenz. Ihre Vielseitigkeit spiegelt sich in ihrem Interesse an Spiritualität ebenso wider wie in ihrem Genuss der einfachen Freuden des Lebens.
Dianas Weg war von Meilensteinen und Herausforderungen geprägt. Als alleinerziehende Mutter musste sie sich den Höhen und Tiefen des Lebens stellen, darunter gescheiterte Beziehungen und falsche Glaubenssätze, die sie zu überwinden hatte. Trotz der Anforderungen ihres Vollzeitjobs im Labor und der Herausforderungen des Jobwechsels blieb sie stets bestrebt, an sich selbst zu arbeiten und ihr volles Potenzial zu entfalten.

Ihre Reise führte sie zu Kommunikationstrainings, mentalem Training und Persönlichkeitsentwicklung. Als Mental Coach nutzte sie ihre Erfahrungen und Qualifikationen, um anderen Menschen auf ihrem Weg zu helfen. Diana hat in ihren Seminaren und Hypnosesitzungen wertvolle Erkenntnisse vermittelt und dazu beigetragen, dass Menschen Blockaden überwinden und ihr Leben verändern konnten.

Ihre Motivation, das Buch "Brich aus" zu schreiben, entspringt dem Wunsch, anderen Menschen zu zeigen, dass es sich lohnt, an sich selbst zu arbeiten und für neue Erfahrungen offen zu sein. Sie ermutigt dazu, nicht zu verurteilen und sich von Erwartungen zu befreien, um wahre Akzeptanz zu lernen.

Diana Fojcik möchte den Lesern vermitteln, dass Spiritualität und der Glaube an sich selbst nichts Schlimmes sind. Sie glaubt fest daran, dass die Welt ein besserer Ort wäre, wenn jeder bewusster handeln und das Ego überwinden würde. Dies ist ihre tiefgehende Botschaft.

Ihre Mission ist es, Menschen zu einem besseren Selbst zu verhelfen, eine neue Denkweise zu ermöglichen und Hoffnung zu schenken. Für ihre eigenen Kinder und alle, die sich in ähnlichen Situationen befinden, strebt sie danach, die Botschaft zu vermitteln, dass jeder in der Lage ist, ein schönes und glückliches Leben aufzubauen, indem man ausbricht und das Leben in vollen Zügen genießt.

Die Erfahrung mit Narzissmus in ihrer Partnerschaft hat Diana gelehrt, sich von schädlichen Beziehungsstrukturen zu befreien und sich selbst auf eine tiefgreifende Weise zu heilen. Dieses persönliche Kapitel in ihrem Leben hat sie dazu inspiriert, ihre Erkenntnisse und ihre Stärke in ihr Buch "Brich aus" einfließen zu lassen und anderen Menschen zu zeigen, dass es Wege aus toxischen Beziehungen gibt.

Mit ihrer Vielseitigkeit und Erfahrung hat die Autorin bewiesen, dass es möglich ist, auch ohne finanziellen Puffer, in mehreren Bereichen erfolgreich und zufrieden zu sein.

Ihre Intention war es, aus vielen Mindset Büchern "das Eine" zu schreiben, um sich auch für kleines Geld selbst coachen zu können. In dem Buch ist ein integriertes Workbook enthalten, somit lassen sich die Aufgaben direkt abarbeiten und sind dadurch besonders effektiv.

Vorwort

Kennst du das Gefühl, mal nicht zu wissen, wie es
weiter gehen soll? Sich ratlos oder hilflos zu
fühlen? Fragst du dich manchmal, wer du bist oder
wer du sein willst? Vor all diesen Fragen stand ich
auch bereits, bevor ich dieses Buch geschrieben
habe. So begann meine Reise und der Weg zu mir
selbst. Ich war schon immer ein sehr neugieriges
Kind und das hörte als Erwachsene Frau auch nicht
auf. Ich wollte mich selbst, aber vor allem das
Leben verstehen. Wieso sind einige Menschen
reich und die anderen arm? Wieso schaffen es
manche glücklicher zu sein, als die anderen? Wieso
ziehen die einen toxische Beziehungspartner an und
die anderen nicht? Fragen über Fragen und ich
wollte endlich Antworten und vor allem eins:
Klarheit!
All meine Erfahrungen und Prozesse, wirst du in
den Kapiteln lesen und für dich bearbeiten können.
So ein Buch kann manchmal ein „Gamechanger"
sein. Es muss nur ein Satz dabei sein, der dich
plötzlich zum Nachdenken bringt. Ich möchte dir
zeigen, dass du deine Einstellung zum Leben
ändern kannst und somit automatisch ganz andere
Dinge in dein Leben ziehen wirst. Ich möchte dir
zeigen, wieso es wichtig ist, bei sich zu bleiben.
Wieso dich manche Dinge stören und was du
dagegen tun kannst. Ich möchte dir beibringen, den
Menschen als Menschen zu sehen und nicht direkt
voller Vorurteile zu sein.
Ich will dir den Unterschied zwischen den
Menschen zeigen, die schwere Zeiten besser

meistern können, im Gegensatz zu denen die dabei zerbrechen.

Jedes Kapitel in diesem Buch, hilft dir, ein besseres Mindset zu erlangen.

Unser Unterbewusstsein ist so stark und es kann ein langer Prozess sein, dies umzuprogrammieren. Das hängt von jedem selbst ab, wie schnell die Umsetzung startet.

Bevor du jetzt denkst, dies ist wieder so ein: „Tschakka! Mindset ist alles!" Motivationsbuch, mach dich auf viel Arbeit gefasst. Dieses Buch ist keins, das mal ebenso auf die Schnelle gelesen werden sollte. Es kann sein, dass dich dieses Exemplar einige Wochen oder Monate begleitet, bis du es wirklich verinnerlicht hast.

Es soll dir dabei helfen dein Verhalten mal von einer anderen Perspektive beobachten zu können. Dieses Buch hilft dir persönlich zu wachsen und somit deine Heilung zu erleben. Dadurch kannst du bei deiner Entwicklung Quantensprünge erzielen und somit viel schneller an dein Traumleben, Traumpartnerschaft oder Traumberuf kommen.

Je früher du mit Persönlichkeitsentwicklung startest, umso mehr Lebenszeit sparst du dir mit sinnlosem Content, da dein Bewusstsein viel schneller aktiviert wird. Du wirst vielleicht Fehler machen und das ist auch in Ordnung, sonst würdest du nicht daraus lernen können. Die Kunst ist es jedoch, deine Fehler nicht ständig zu wiederholen und aus alten Mustern und Programmierungen aus deinem Unterbewusstsein auszusteigen. Somit kommst du auch viel schneller auf den Boden, wenn du ihn mal unter den Füßen verlierst. Dabei muss ich dir direkt sagen, dass die größte

Herausforderung die Umsetzung ist. Du kannst hunderte Bücher lesen, Podcast hören oder Seminare besuchen, das sind natürlich alles gute Bausteine. Wenn du aber nicht nach deinen Werten lebst, dann wird deine Entwicklung auf der Strecke bleiben.

Mit diesem Buch möchte ich dir eine Art Leitfaden mitgeben. Ich habe selbst unendlich viele gute Bücher gelesen wie z.B. „*the secret*", „*das Kind in dir muss Heimat finden* "*oder „Mein neues Ich*" und noch zahlreiche andere Titel von inspirierenden Menschen.

Doch bis jetzt habe ich nie ein Buch zum Thema Persönlichkeitsentwicklung gefunden, dass für MICH alle essenziellen Themen in einem Exemplar aufgreift. Ein Buch, das sich jeder leisten kann und verständlich geschrieben ist, so dass es auch jemand lesen kann, der mit Persönlichkeitsentwicklung bislang noch nichts zu tun hatte. Vor allem der Spirituelle Aspekt ist für viele Anfangs suspekt. Sofort denkt man an Wahrsager, Menschen die Bäume umarmen usw. Doch, das ist nicht immer so. Ich werde dir in einigen Kapiteln alles so logisch wie möglich erläutern, damit es auch dein Verstand greifen kann. Dennoch gibt es Dinge im Leben, die man logisch nicht erklären kann. Aber man kann genug fühlen, wenn man will. Dafür solltest du offen sein und deine Mauern einreißen.

So entstand meine Idee aus vielen Büchern und Erfahrungen, eins zu machen.

Also das perfekte „Allrounder" Buch zum Thema Persönlichkeitsentwicklung. Ich denke, es hätte mir manchmal viel Zeit erspart, meinen Blickwinkel zu

ändern. Deshalb möchte ich dir mit diesem Buch
auf die Sprünge helfen.

Wichtig ist, dass du weißt, das jeder seinen eigenen
individuellen Weg im Leben hat.

Das bedeutet, dass mein Weg nicht dein Weg sein
muss. Dennoch gibt es viele Puzzleteile, die man
sammeln muss, bis das Puzzle fertig ist. Somit kann
all das hilfreich für DEIN Lebenspuzzle sein.

Auch ich habe in jungen Jahren gewisse
Lebenskrisen erfahren und bin dadurch zu meiner
erfüllenden Berufung gekommen, Menschen bei
ihren Herausforderungen im Leben zu unterstützen
und zu begleiten.

Sich nach solchen Krisen wieder zu finden ist die
Kunst. Das wahre erfüllende „Ich" zu erschaffen.

Es ist erstaunlich wie viele junge Menschen bereits
unglücklich sind. Wie Burnout zu einer Art
Volkskrankheit wird. Eigentlich ist es eher traurig.
Doch wie kommt es dazu? Wir leben nun in einem
neuen Zeitalter. Wir leben in Fülle. Wir haben zu
viel und wollen immer mehr. Das Leben wird
immer digitaler. Einige Berufe wird es in Zukunft
gar nicht mehr geben. Man kann es gar nicht
aufhalten, aber man kann alles dafür tun, um das
Beste daraus zu machen und sich gut vorbereiten.
Egal wohin du reist, egal wohin du fliehst, egal wo
von du davonrennst, du wirst eine Person immer
mitnehmen. Und zwar DICH!

Deshalb ist es so wichtig, dass du ein positives
Mindset erlangst und beginnst deine Heilung zu
erleben, um ein erfüllteres und selbstbestimmteres
Leben zu leben.

Zu diesem Buch gibt es also auch Übungsaufgaben,
damit du effektiv an dir arbeiten kannst. Denn nur

wenn du aktiv beginnst, daran zu arbeiten, wird
sich etwas ändern.
Jedes Kapitel hat seine eigenen Aufgaben. Du
wirst sehen, dass du durch konsequente Arbeit am
Ende belohnt wirst. Genauso mache ich es in
meinem Coaching mit Klienten. Es bringt nämlich
nichts, wenn ich dir nur Tipps und Ratschläge gebe,
ohne sie umzusetzen.
Mache dir selbst ein Geschenk. Die Beste
Investition ist immer die, in dich selbst!

Kapitel 1

Das 1x1 der Persönlichkeitsentwicklung
Was genau ist das überhaupt?

„*Mache das Beste aus dir, denn das ist alles, was du hast!*" – *Ralph Waldo Emerson*

Persönlichkeitsentwicklung ist immer mehr und mehr im Kommen. Doch was hat es damit auf sich und was ist das überhaupt? Im Grunde genommen besteht die persönliche Entwicklung ein ganzes Leben lang. Es ist deine Schule des Lebens. In diesem Buch wirst du verschiedene Bereiche intensiv kennenlernen, um das Beste aus dir herauszuholen zu können. Hab bitte keine Erwartungen, mach einfach mit und lasse dich von dem anschließenden Effekt überraschen. Dadurch, dass du dir dieses Buch gekauft hast, bist du auf dem besten Weg in ein besseres Leben. Es ist die Entfaltung und der Ausbau deiner eigenen Individualität und Identifikation. Dafür musst du dich intensiv mit dir auseinandersetzen. Mit deiner Vergangenheit, deinen Glaubenssätzen, deinen Gewohnheiten und allem, was dich zu der Person gemacht hat, die du bist. Es hilft dir, dich selbst zu optimieren und zu wachsen. Dadurch wirst du selbstbewusster, stärker, offener, flexibler und hast eine bessere Krisenbewältigung.

Durch diese Prozesse lernst du:

- Dich selbst besser kennen
- Besser mit Rückschlägen umzugehen
- Krisen und Probleme besser zu bewältigen

- Unabhängig und freier zu denken
- Erfolgreicher durch deine Qualitäten zu werden
- Empathischer und aufgeschlossener zu sein
- Andere Sichtweisen aufs Leben kennen
- Bessere Beziehungen zu führen

Und noch vieles mehr

Die Liste könnte endlos weitergehen, aber das würde hier den Rahmen sprengen. Mache deine eigenen Erfahrungen damit. Du wirst nie ein und derselbe Mensch sein. Mit der Zeit wirst du jeden Tag wachsen und dich etwas verändern. Deine Lebenserfahrung nimmt natürlich auch einen Einfluss auf deine Persönlichkeit. Deine Sicht auf die Dinge verändert sich, du lernst stetig Neues dazu und überträgst dies wiederum auf deine Persönlichkeit. Ein Teil der Persönlichkeitsentwicklung passiert daher auch unbewusst. Deshalb sind manche 30-Jährigen mental weiter als manche 40-Jährigen Personen oder andersherum. Aber auch unsere Seele hat einen Einfluss darauf, wie weit wir uns entwickeln können. Doch zu diesem Kapitel kommen wir später. Es kommt also immer auf die Lebenserfahrungen, die Entwicklung eines Geistes sowie das Bewusstsein an, wie weise ein Mensch ist.

Das bedeutet nicht, dass du dich komplett verändern solltest. Du bist hier, um dich zu verbessern! Um das Beste aus dir herauszuholen. Veränderung ist nicht immer etwas Schlechtes, im Gegenteil, es ist alles eine Ansichtssache.

Konzentriere ich mich mehr auf das Negative oder Positive?

Und ja, das kann dir erst einmal Angst machen, durch welche Prozesse du dann gehst. Persönlichkeitsentwicklung ist anstrengend. Das ist auch der Grund, wieso so viele immer Ausreden haben oder flüchten. Wieso sie auf der Strecke bleiben. Es kann ein langer und langsamer Prozess sein, aber genauso gut kann es durch Offenheit und gesunde Neugier faszinierend sein. Das Geschenk, das auf dich wartet, ist unbezahlbar.

Doch wie fange ich am besten an? Lege dir zunächst einen „vorläufigen" Schwerpunkt fest. Zu viel auf einmal zu wollen ist nie gut. Es ist unmöglich und auch gar nicht notwendig, an allen Themen gleichzeitig zu arbeiten. Alles kommt zu seiner Zeit in deinem Tempo dran.

Wie du in den Stichpunkten sehen konntest, sind die möglichen Ziele der Persönlichkeitsentwicklung sehr weit gefasst. Lege zunächst einmal fest, in welche Richtung deine Reise gehen soll.

Dafür sind „Was ich nicht mehr will"-Listen super. Notiere dir, was du nicht mehr in deinem Leben willst.

Beispiel: „Ich will nicht mehr so träge sein!“

„Ich will „nein“ sagen können!

Lass uns anfangen..

Was ich in Zukunft nicht mehr will:

1.

____

____

____

____

2.

____

____

____

____

3.

____

____

____

____

4.

____

____

____

____

Nun da du weißt, was du nicht mehr willst, kannst du festlegen, was du willst. Es fällt zunächst immer leichter zu sagen, was man nicht mehr möchte, anstatt das, was man möchte.

Willst du mehr Selbstbewusstsein entwickeln? Entspannter werden? Lebensfreude gewinnen? Besser mit Kritik umgehen? Deine Lebensziele erkennen? Oder etwas ganz anderes? Entscheide dich zunächst für eine Richtung.

Mach dir keine Gedanken, wenn sich der Schwerpunkt mal ändert. Das ist immer von deiner Lebenssituation und Interessen abhängig.

Nun formuliere die Sätze um in die Dinge, die du in Zukunft willst.

Beispiel:

Ich will nicht mehr so träge sein → Ich will aktiver werden

Was ich in der Zukunft will:

____

____

____

____

Nun schau mal welches Gefühl hinter den Dingen
steckt, die du bis jetzt nicht in deinem Leben hast.

Nehmen wir als Beispiel:

„Ich will nicht mehr so träge sein!" (Gefühl=
hilflos, ohnmächtig)

Hast du dich schon einmal gefragt, wieso du träge
bist? Welches Gefühl könnte dahinterstecken? Bei
diesem Beispiel könnte es sich um die
Bequemlichkeit handeln. Das Gefühl der
Bequemlichkeit, lässt uns die Dinge erledigen, die
nun mal eben „nötig" sind. Doch dein volles
Potenzial könntest du durch deine Bequemlichkeit
gar nicht entfalten.

Es ist also extrem wichtig, dass du schaust welches
Gefühl dahintersteckt. Mach es dir bewusst, um es
hinterher auflösen zu können.

Viele Menschen haben Schwierigkeiten ihre
Gefühle auszudrücken. Deshalb befindet sich hier
auch ein Gefühlsrad. Es ist wichtig zu wissen, was
es für Gefühle gibt und diese auch zu benennen. Im
Alltag fallen uns nur die „einfachen" Gefühle ein,
aber wenn wir genau über Situationen nachdenken,
dann kann es sein, dass wir noch weitere viel
tiefere Gefühle verspüren. So ein Gefühlsrad, kann
dir dann schnell helfen, deine Gefühle richtig
einzuordnen. Dabei mache ich hier bewusst keinen
Unterschied zwischen Gefühlen und Emotionen, da
für mich die Übung im Fokus steht. Diese Liste
hilft dir zu entdecken, was es alles an Gefühlen
gibt. Denn oft haben wir das Problem, gar nicht zu

wissen, was sich hinter unserem verhalten
verbergen könnte.

DAS RAD DER GEFÜHLE

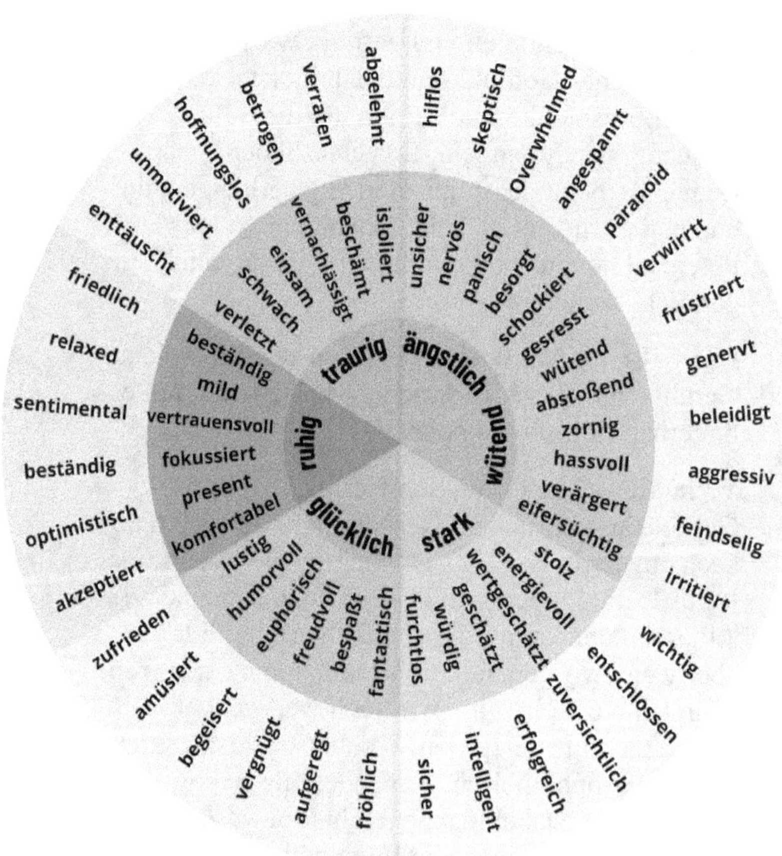

Notiere dir nun alle Gefühle aus deinen negativen
Formulierungen. Welches Gefühl ist dabei dein
innerer Antreiber?

Nun war dir das Bewusst, dass hinter allem, was du eigentlich nicht willst, aber nicht schaffst, derzeit zu ändern ein Gefühl stecken könnte? Du kannst dir zu dem negativen Gefühl passend das positive Gefühl notieren.

Beispiel:

bequem → aktiv

gestresst → entspannt

unglücklich → glücklich

Was kannst du sonst noch auf deiner Wachstumsreise tun?

Lesen kann helfen. Falls du ein Lesemuffel bist, geh nicht direkt negativ an die Sache heran.

Besorg dir Bücher nach Weiterempfehlungen, vielleicht welche, die erstmal nicht so dick sind, die dich direkt ansprechen und hinterher nicht in der Ecke verstauben.

Es gibt aber auch eine Vielzahl an Webseiten und Podcasts, die sich mit Persönlichkeitsentwicklung in all ihren Facetten beschäftigen.

Finde deinen eigenen Weg. Achte darauf, dich nicht auf einen einzigen Weg zu beschränken. Glaube nicht jedem Guru oder jedem Spezialisten, der dir nur einen Weg (seinen) vorstellt. Den richtigen Weg für dich, findest nur du. Wie ich schon sagte, sammle verschiedene Puzzleteile. Das Puzzle selbst, legst du jedoch individuell zusammen. Wenn du so weit bist, wirst du sowieso fühlen, ob es richtig oder falsch ist.

Experimentiere und probiere Neues aus. Nutze Social Media, um Vorbilder zu finden, anstatt dich mit anderen zu vergleichen. Nutze die Dinge immer zu deinem Vorteil, anstatt zu deinem Nachteil. Ein Tagebuch kann dir ebenfalls dabei helfen, diese Erfahrungen festzuhalten. Notiere dir, was du ausprobiert hast. Was war für dich spannend und hilfreich? Schreibe dir deine Erkenntnisse und Gedanken auf.

Sei dir bewusst, dass du auch in kleinen Schritten und auf verschlungenen Wegen vorwärtskommen gehst. Bei anderen Dingen kannst du aber auch schlagartig eine Veränderung wahrnehmen, sobald dein Bewusstsein im hier und jetzt ist. Von heute auf morgen selbstbewusst, glücklich und erfolgreich zu sein, ist ein anspruchsvolles Ziel. Arbeite somit mehr an deinen Stärken, als an deinen Schwächen. Viele machen den Fehler, in der Persönlichkeitsentwicklung ihre vermeintlichen Makel loszuwerden. Das führt häufig zu Frust. Wenn du von Grund auf an schüchtern bist, wirst du nicht direkt zum Partylöwen. Du würdest dich in dieser Rolle erstmal gar nicht wohlfühlen. Wenn du sehr chaotisch bist, wird es bei dir niemals wie in einem Möbelkatalog aussehen. Versteh mich nicht falsch. Arbeite ruhig daran, deine Schwächen abzumildern und auf ein Maß zu bringen, mit dem du dich wohlfühlen kannst. Doch die Entwicklung dorthin macht viel mehr Spaß und bringt mehr Erfolge mit sich, wenn du dich intensiver auf deine Stärken konzentrierst. Setze dir große Ziele und verbiete es dir nicht groß zu träumen, nur weil es in der Gesellschaft oder bei der älteren Generation nicht gerne gesehen wird.

Finde zunächst heraus, wo du im Moment stehst. Nimm dir Zeit, um dir gemütlich aufzuschreiben, was dir über dich selbst einfällt. Sei dabei wirklich ehrlich zu dir selbst. Dir guckt schließlich keiner zu.

Welche <u>wichtigen</u> Erfahrungen in der Vergangenheit habe ich gemacht?

____

____

____

____

____

____

Welche Charaktereigenschaften zeichnen mich aus?

Was sind meine Stärken & Schwächen?

Was ist meine Leidenschaft? Was sind meine
Leidenschaften?

____

____

____

____

____

Welche Ziele oder Träume habe ich schon seit
langem?

____

____

____

____

Was aus meiner Vergangenheit ist noch nicht
verarbeitet?

Was hat mich schon mal über mich hinauswachsen
lassen?

____

____

____

____

____

____

____

Schaue dir nun deine Notizen an. So sieht
Persönlichkeitsentwicklung aus. Es ist ein Prozess
aus Lebenserfahrung und eigener Leistung. Es geht
nicht immer von heute auf morgen. Du brauchst oft
Geduld und Ausdauer. Aber es lohnt sich!
Hinterher ist das Ganze ein wenig einfacher, aber
das erfährst du später noch.

Falls du bei diesem Prozess auf Themen stößt, die
du nicht alleine bewältigen kannst, dann suche dir
rechtzeitig Hilfe. Wende dich an einen Coach oder
Therapeuten, um deine Themen zu besprechen.
Manchmal genügen nur wenige Sitzungen, um
wieder klarer zu sehen. Falls du dich damit noch
nicht auseinandergesetzt hast, kannst du gerne
meine Website besuchen, um einen Termin zu

vereinbaren. Was ein Coach genau macht, erkläre ich dir im dritten Kapitel. Die Entwicklung findet körperlich, mental sowie emotional statt, weshalb das Buch in verschiedene Themen aufgeteilt ist.

Ich erkläre dir die Definitionen von Selbstfindung, das innere Kind, Trigger, Beziehungen, Schattenanteile, Selbstliebe, Vergebung, Dankbarkeit, Liebe, verebbten Seelenschmerz und die Königsdisziplin Bewusstheit in diesem Buch.

Entscheide dich JETZT dazu, dein Leben schöner zu gestalten als vorher.   Nutze all deine Erfahrungen und Fortschritte, um die Beste Version von dir zu erschaffen, die du erschaffen kannst.

Erfahrungen kannst du nicht lernen, Erfahrungen musst du machen. Push dich selbst, umgib dich mit Menschen, die dich pushen und unterstützen. Werde ein besserer Angestellter, Unternehmer, Vater, Mutter, Partner. Jeden Tag ein Schritt weiter.

Sobald du die Verantwortung für dein Leben übernimmst, wirst du nicht mehr vom Leben herumgeschubst werden. Je mehr Verantwortung du übernimmst, desto erfolgreicher wirst du. Entfache dein Feuer, deine Leidenschaft in jeder Zelle deines Körpers.

Und nun geht es auf, zu deiner Reise.

Kapitel 2

Das richtige Mindset
Wofür ist es gut?

**_„Nichts zeugt mehr von Dummheit, als immer
wieder die gleichen Dinge zu machen und andere
Ergebnisse zu erwarten."_**
Albert Einstein

Mindset bedeutet so viel wie Einstellung oder
Denkweise. In der heutigen Zeit verbindet man den
Begriff Hauptsächlich mit der positiven
Denkweise.
Es ist also die Art und Weise, wie du gewisse
Dinge angehst, wie du auf Umstände reagierst, was
du selbst von dir denkst und wie du mit
Herausforderungen umgehst.
Also du siehst, all die Puzzleteile der persönlichen
Entwicklung gehören irgendwo zusammen. Denn
ein positives Mindset kannst du nur durch die
Arbeit mit dir selbst erlangen. Falls du zu den
Menschen gehörst, die eher negativ denken, sind
die kommenden Übungen sehr nützlich für dich.
Hast du dich schon einmal gefragt, wieso manche
Menschen sich an einer Blume oder an einer
Kleinigkeit so sehr erfreuen können? Das liegt an
ihrer Lebenseinstellung und an ihrer Bewusstheit.
Sie sehen erst einmal das Gute, auch bei kleinen
Dingen.
Dein Denken, ist nicht nur der Schlüssel zum
Erfolg, sondern auch der, zu einem glücklicheren
Leben. Du siehst dann Herausforderungen positiv.

Somit bringen dich auch ungeplante Geschehnisse
nicht aus der Ruhe und du verfällst nicht in
Selbstmitleid. Das ist ein Prozess, der sich am Ende
immer ausbezahlt, in all deinen Lebensbereichen.
Wie bereits im vorherigen Kapitel schon erwähnt,
hast du es immer in der Hand, wie du mit
Rückfällen umgehst.
Bevor du jetzt denkst, dass es reicht nur positiv zu
denken, muss ich dich leider enttäuschen. Nein, so
ist es nicht!

Unsere Gedanken besitzen zwar große Kraft und
Macht, es ist aber ein weit verbreiteter Irrglaube, du
müsstest nur positiv denken, an deinen Erfolg
glauben und schon wird alles gut. Das ist
unseriöser „Bullshit“.
Du kannst nicht beeinflussen, was dir passiert.
Aber du hast es in der Hand, wie du auf
Geschehnisse reagierst, über sie denkst und
sprichst! Genau das ist mit „das richtige Mindset
haben“ gemeint.
Wie du jetzt schon in den vorherigen Kapiteln lesen
konntest, entsteht unsere Denkweise durch
Erlebnisse, Erfahrungen und den Reaktionen
unseres Umfelds auf unser Handeln. Dies kann
sowohl positiv als auch negativ sein.
Wenn du zum Beispiel in der Schule bei einem
oder zwei Mathetests schlechte Noten bekommen
hast, kann es sein, dass du unbewusst den
Glaubenssatz entwickelst: „Ich bin schlecht in
Mathe“. Ein umgekehrtes Beispiel wäre, dass du in
Deutsch mehrmals für deine Aufsätze gelobt
wurdest und daher glaubst: „Ich bin gut darin,

Texte zu schreiben". Jeder von uns hat diese negativen und positiven unbewussten Glaubenssätze. Diese haben sich seit unserer Kindheit aufgrund dessen, was wir von unseren Eltern, Lehrern und unserem Umfeld gehört haben, tief in uns verankert. Diese Glaubenssätze haben eine große Auswirkung auf unser weiteres Leben, da sie uns in allen Entscheidungen beeinflussen. Sie sind quasi wie ein Filter, den wir aufgrund unserer früheren Erfahrungen über unser Leben legen.

Wie beginne ich denn mein Denken zu verändern? Der erste Schritt besteht bereits darin, dass du dieses Buch liest.

Dabei gibt es zwei Arten von „Mindset". Einmal das „fixed Mindset", das positive Denken, das dir von klein auf mitgegeben wurde z.B. Talente oder Fähigkeiten. Es ist also das angeborene Mindset. Zum anderen gibt es noch das „growth Mindset". Diese Denkweise erlernst du durch die Herausforderungen im Leben, die du meistern musst, indem du verschiedene Lösungsansätzen probierst. Wenn du Veränderung willst, wenn du etwas anderes willst als das, was du jetzt hast, dann musst du anfangen anders zu denken als vorher. Dafür solltest du deine Glaubenssätze genau unter die Lupe nehmen und dir bewusst machen, dass du NICHT deine Gedanken bist.

Auch hier solltest du wieder in die „Beobachter-Rolle" gehen. Was denkst du manchmal von dir selbst?

Entstehen Sätze in deinem Kopf, wie z.B. „das schaffst du nie", „das kannst du einfach nicht" oder

„das können andere viel besser als du, lass es
besser gleich“?

Der erste Schritt, um diese Gedanken zu ändern, ist
dir klarzumachen, dass deine Gedanken nicht die
absolute Wahrheit sind. Sie beschreiben nicht deine
Persönlichkeit und können verändert werden.
Sobald du erkennst, dass du nicht deine Gedanken
bist, solltest du achtsam üben.
Wenn dich jemand kritisiert oder du negatives
Feedback bekommst, dann lehne es nicht mit dem
Gedanken „der weiß ja gar nicht, wovon er redet,
der hat ja keine Ahnung „ab, sondern nimm dies als
Anlass, noch besser zu werden.
Wenn du einen Fehler machst, suche die Schuld
dafür nicht bei anderen, sondern lerne daraus und
freu dich, dass dir das ab sofort nicht mehr
passieren wird. Bleibe so oft wie möglich im
„Growth Mindset“. Übernimm die Verantwortung
dafür, was in deinem Leben passiert. Denn wer die
Schuld hat, der hat die Macht etwas zu ändern!
Mindset und Persönlichkeitsentwicklung bedeuten
Arbeit. Mach dir bitte bewusst, dass dein Denken
nicht von heute auf morgen besser wird. Es ist ein
Prozess. Vergiss nicht, wie lang du an einer
negativen Haltung festgehalten hast. Genau so
wenig wird es dir gelingen, täglich positiv
eingestellt zu sein und immer perfekt zu reagieren.
Du kannst jedoch kontinuierlich an deinem Mindset
arbeiten. Am besten funktioniert das mit der Hilfe
von Leuten, die bereits weiter sind als du. Du
kannst zum Beispiel mit einem Coach negative
Glaubenssätze aufdecken und verändern. Es gibt
inzwischen auch unzählige Seminare, in denen an

deinem Mindset gearbeitet wird und du Methoden
kennenlernst, wie du eine positive Einstellung
entwickeln kannst. Auch Bücher können dabei
helfen, deine Denkweise zu verändern.
Ebenso haben deine Mitmenschen Einfluss auf dein
Inneres. Ist dir aufgefallen, dass positive
Menschen, Menschen mit negativer Einstellung
meiden? Das erfährst du aber noch in Kapitel 6.
Male dir aus, wie befreiend sich das anfühlen kann,
wenn du es schaffst überwiegend positiv zu
bleiben. Wie viel Lebensfreude zurückkommt. Es
ist unglaublich.

Was ist ein typisch negativer Gedanke über mich
und meine Erfolgsaussichten? (z.B. „Ich bin oft
launisch" oder „Ich bin nicht diszipliniert genug")

Ich bin..
____

____

____

____

____

Hinterfrage deine Gedanken nun einmal.

Woher kommt dieser Gedanke?

____

____

____

____

____

Welchen Nutzen bringt mir dieser Gedanke?

____

____

____

____

____

Stimmt dieser Gedanke wirklich? Oder ist es mein Kopf, der sich das einredet?

____

____

____

____

____

Führe mal eine Art Gedankentagebuch. Notiere dir eine Woche lang alle negativen Gedanken, die du am Tag so gedacht hast. Auch wenn es nur Kleinigkeiten sind. Reflektiere am Abend, das was du dir aufgeschrieben hast. Ich bin gespannt, ob du bei einigen Gedanken schmunzeln musst und dir vielleicht denkst: „Oh man, was denke ich denn manchmal für einen Unsinn?"
Trage auch die Emotionen ein, die du in dieser Woche hattest. Am besten ist, dass du dir jeden Tag etwas Zeit dafür nimmst. Notiere positive Emotionen in einer hellen Farbe, z.B. grün und negative Emotionen in einer dunklen Farbe, z.B. Schwarz

Schau dir „den Inhalt deines Kopfes" am Ende der
Woche einmal an. Sind dort mehr helle Farben oder
eher dunkle Farben zu sehen?
Gerne kannst du dir hier noch Notizen im Laufe der
Woche machen.

MEINE GEDANKEN ÜBER MICH

Kapitel 3

Die Welt im Wandel

„Wir müssen der Wandel sein, den wir in der Welt zu sehen wünschen!"
Mahatma Gandhi

Ist dir dieser Wandel aufgefallen? Die Welt verändert sich immer wieder auf's Neue. Schlimme Dinge passieren, damit wir Gutes wieder zu schätzen wissen. Unser Zeitalter hat sich verändert. Im vorherigen Erdzeitalter war alles von einem linearen Denken geprägt. Die materialistische Konsumgesellschaft hat den Ton angegeben. Wie der Name schon sagt, war das Erdzeitalter die Zeit der „Erde". Viele lebten nach dem Motto: „Lebe, um zu arbeiten." Du musst wissen, dass diese astrologischen Zeitalter Jahrhunderte dauern. Nun hat sich das aber verändert. Im Luftzeitalter geht es um freie, digitale Strukturen, anstatt unflexible Überbürokratisierung. Ein Virus (Luft) hat viele von uns auf den Boden der Tatsachen geholt. Plötzlich standen wir alle vor derselben Herausforderung. Geimpft oder nicht geimpft. Alles wird Digitaler. Wir bezahlen mit einer Plastikkarte oder per App. Plötzlich gibt es neue Berufe wie z.B. Mentaltrainer, Lifecoaches und und und.
Yoga ist der neue Kultsport. Fleischersatz ist im Trend und alles wird nachhaltiger. Wie du siehst, kannst du dich entweder auf das Schlechte in diesem Wandel konzentrieren wie z.B. Kriege oder

ein Virus, dass uns alle in der Hand hatte. Oder du konzentrierst dich auf die guten Dinge dieses Wandels. Die Erde hat sich durch weniger Flugreisen erholt. Du hast vielleicht mehr Zeit für dich gehabt. Neue Perspektiven boten sich an. Natürlich sind die grausamen Dinge nicht schön, aber wenn du mit einer positiven Einstellung durch das Leben gehst, ist es einfacher. Sich alles schlecht zu reden, schadet nur dir selbst. Du kannst an manchen Dingen nichts ändern. Du kannst Frieden nicht auf der Welt erwarten, wenn du keinen Frieden in dir hast.

Christian Bischoff (ein bekannter Speaker und Motivationstrainer) zitierte einst bei einem Seminar:
„Willst du Frieden in der Welt, so brauchst du Frieden auf jedem Kontinent.
Willst du Frieden auf jedem Kontinent, so brauchst du Frieden in jedem Land.
Willst du Frieden in jedem Land, so brauchst du Frieden in jeder Stadt.
Willst du Frieden in jeder Stadt, so brauchst du Frieden in jeder Gemeinde.
Willst du Frieden in jeder Gemeinde, so brauchst du Frieden in jedem Haushalt.
Willst du Frieden in jedem Haushalt, so brauchst du Frieden in jedem Einzelnen.
Willst du Frieden in jedem Einzelnen, so brauchst du Frieden in dir!"
Um Dinge zu verändern, musst du bei dir anfangen. Du kannst die Menschen um dich herum nicht verändern, wenn sie es nicht wollen. Du kannst

jedoch deine innere Haltung ändern. Wenn das
mehr Menschen tun würden, wäre diese Welt schon
eine andere. Es geht aber um dich. Um deinen
Frieden. Deshalb lohnt sich eine Reise zu dir selbst
allemal.
Wir können unsere Liebsten, unsere Familie,
unsere Kinder nicht vor dem schützen, was noch
kommen wird. Wir können aber alles dafür tun, um
sie gut vorzubereiten. Mit mentaler Stärke und mit
der Bewusstheit. Im Hier und Jetzt zu sein, das ist
alles, was zählt. Im Endeffekt hast du im Leben nie
eine hundertprozentige Sicherheit. Also leg deine
Ängste ab. Führe kein Leben, dass dich eigentlich
unzufrieden macht, nur weil es so am sichersten ist.
Du hast nur dieses eine Leben. Am Ende kommt es
nur auf dich an.
Bestimmte Berufe wird es in Zukunft nicht mehr
geben. Vermutlich wird es ein anderes Geldsystem
geben. Alles wird digitaler. Natürlich kann man
jetzt nur das Schlechte sehen. „Früher war alles
besser!“ ist ein Satz, der sehr oft von der älteren
Generation kommt.
War früher denn wirklich alles besser? Waren die
Menschen wirklich immer glücklich? Gab es
keinen Krieg, keine Morde, keinen Betrug und
keine schlechten Menschen?
Das „Böse“ gab es schön immer. Natürlich gab es
Dinge, die schöner waren. Kinder spielten öfter
draußen, als zu Hause vor der Konsole zu zocken.
Aber haben nicht wir das in der Hand?
Wir können uns auch auf das Gute konzentrieren.
Vieles ist einfacher geworden wie z.B. online
seinen Einkauf zu bestellen. Für einen Menschen,
der nicht mehr eigenständig Einkaufen kann, ist so

etwas Gold wert. Wenn du dich auf das Gute im Wandel konzentrierst, kommst du viel leichter durch das Leben. Kennst du diese Art von Menschen, denen es nie gut geht? Ständig haben sie etwas zu jammern. Wenn du diese Menschen fragst, wie es ihnen geht, kommen immer Antworten wie z.B.:„ Ja, passt schon!", „Ja, geht so."

Diese Menschen sind permanent im Negativen. Wie soll da das Leben schön werden? Frage dich nun, wie du den Wandel sehen möchtest. Durch deine Gedankenbeobachtung im vorherigen Kapitel bist du nun auf einem guten Weg. Nicht jeder wird als Optimist geboren, auch keiner als Pessimist. Das Leben lehrt uns diese Lebenseinstellung. Wenn du Sie verbessern möchtest, musst du diese Haltung trainieren. Dein Gehirn sollte genauso trainiert werden wie die Muskeln beim Sport. Stück für Stück mit Ausdauer und Geduld, erntest du immer, was du sähst.

Kapitel 4

Wer willst du sein?
(Deine Selbstfindung)

„Unzufriedenheit ist der erste Schritt zum Erfolg."
Oskar Wilde

„Wer bin ich?", „Was will ich vom Leben?", „Was sind meine Ziele?", „Wer will ich werden?", „Was soll man über mich sagen?" Diese Fragen lasse ich meine Klienten zuerst stellen, wenn sie sich „verloren" haben. Kennst du das? Mal Leere gespürt zu haben? Dann weißt du genau, worum es hier geht. Als ich an meinem Wendepunkt im Leben ankam, habe ich mir genau diese Frage gestellt. Schnell musste ich feststellen, dass es in meiner Hand liegt, alles zu verändern. Es liegt nicht an den anderen, es liegt immer an dir. Ich begann aufzuschreiben, was und wer ich NICHT sein will. Uns fällt es nämlich leichter zu sagen, was wir nicht mehr wollen, anstatt das, was wir wirklich wollen.

Die Selbstfindung beschreibt einen andauernden Prozess, den du für dich selbst aktiv betreibst und der dich voranbringt. Selbstfindung bedeutet auch Selbstgestaltung. Diese umfasst zahlreiche Lebensbereiche, die davon beeinflusst werden und wiederum unser Selbst und unsere Vorstellungen von uns beeinflussen.
Wenn du dich selbst noch nicht erschaffen hast, dann hast du das Gefühl im falschen Film zu sein.

Als würdest du ein Leben führen, das gar nicht
deins ist oder deinen Vorstellungen entspricht.
Vielleicht passt nicht einmal dein Freundeskreis
oder dein Partner dazu. Dann lebst du unterhalb
deines Potenzials und bist mit dir nicht im Reinen.
Diese Erkenntnis verursacht meistens ein ziemlich
mieses Gefühl. Das ist gut so! So beginnen die
meisten Veränderungsprozesse – mit Leidensdruck.
Dadurch entsteht eine lohnende Entwicklung.

Im eigenen Umfeld hat man genug Möglichkeiten,
um zu schauen, wer für einen ein Vorbild darstellt
und wer nicht.
Auf meinem Weg zur Persönlichkeitsentwicklung
bin ich damals auf den Satz gestoßen: „Du bist der
Durchschnitt der 5 Menschen, mit denen du dich
umgibst."
Dieser Satz hat eine enorme Wahrheit. Du wirst
staunen, wie oft sich dieser Satz bestätigt.
Wenn du etwas über einen Menschen wissen willst,
ohne ihn zu kennen, schau dir sein Umfeld an. Sind
es Mitmenschen, die ihr Potenzial entfalten oder
sind es alles „Couch Potatoes"?
Hattest du schon mal die Situation, in der ein
Freund oder eine Freundin sich in deinen Augen
falsch oder nicht richtig verhalten hat? Hattest du
den Eindruck, dass sich gewisse Fehler
wiederholen? Natürlich machen wir alle Fehler
oder mal etwas nicht richtig. Das Wichtige, ist aber
aus den Fehlern zu lernen. Menschen, die nicht
wachsen, wiederholen ihre Fehler ständig. Du
musst wissen, das Leben wird dir immer wieder
Situationen geben, bei denen du die Wahl hast. Soll
ich dir etwas verraten? Das Leben hört auf, dir

dieselben Aufgaben zu geben, sobald du sie gelöst
hast. Dies gehört zum Wachstum.
Nehmen wir als Beispiel Menschen, die immer
lästern oder abwertend über andere sprechen.
Fühlst du dich in dieser Gesellschaft wirklich
wohl? Kannst du dich damit identifizieren?
Gehst du beispielsweise ins Fitnessstudio, weil es
gerade jeder macht? Magst du Sport überhaupt?
Oder musst du dich dafür extrem dazu zwingen?
Wäre ein Zumba-Kurs oder Kickboxen vielleicht
interessanter für dich? Natürlich heißt es: „Von
nichts, kommt nichts!" Aber du wirst nichts
konsequent durchziehen, wenn es dich nicht
wirklich erfüllt. Du solltest deinem Körper etwas
Gutes tun, denn er ist dein Zuhause. Es sollte dir
jedoch Spaß machen und ein gutes Gefühl geben.
Und wenn Yoga oder Walken das Richtige für dich
ist, dann probier's!
Wie finde ich überhaupt heraus, wer ich wirklich
sein will? Ich kann dir sagen, dass du die Antwort
nicht beim nächsten Partner, der nächsten Party,
dem neuen Job, dem nächsten Sexabenteuer,
Drogen oder ähnlichem finden wirst.
All das lenkt uns ab, uns selbst zu finden und
kennenzulernen.

Wir leben heutzutage so unbewusst und so sehr in
Ablenkung, dass es kein Wunder ist, dass so viele
junge Menschen schon so eine große Leere in sich
verspüren. Ein gutes Beispiel dafür ist die Bahn.
Du siehst tausende leere Hüllen auf einmal. Jeder
ist vertieft in sein Handy. Wie viele „ziehen
morgens schon ein Gesicht"? Wäre es nicht
schöner, wenn dir jemand ein freundliches Lächeln

schenk oder dir herzlich ,,Guten Morgen!'' sagt,
bevor er sich zu dir setzt? Wir entscheiden täglich,
wie wir den Tag angehen möchten. Das Leben
besteht aus Entscheidungen. Täglich treffen wir
20.000 Entscheidungen am Tag. Wahnsinn, oder?
Du kannst es täglich auf's Neue tun. Egal wie alt
du bist. Es ist nie zu spät. Wie willst du also sein?
Liebevoll? Respektvoll? Verständnisvoll?
Humorvoll? Hilfsbereit?
Du entscheidest.
Bei Lebensentscheidungen gestaltet sich das Ganze
natürlich etwas schwieriger. Als gutes Beispiel
dient hier die Berufswahl, Partnerwahl oder ein
Kinderwunsch. Nur wenige sind sehr
entscheidungsfreudig.
Die meisten Entscheidungen treffen wir unbewusst
und spontan. Einfach aus dem Bauch heraus. Doch
sind diese auch immer besser? Eine falsche
Entscheidung kann natürlich langfristige
Konsequenzen haben. Keine Entscheidung zu
treffen, ist nicht sonderlich wirksam. Wenn du nur
drum herum gehst, du also zu oft Kompromisse
eingehst, so entfernt dich das von deinem Ziel und
dir selbst.
Was also kannst du bei solchen Entscheidungen
tun?
Bei schwierigen Lebenssituationen ist es wichtig,
dass du dir nicht zu viele Meinungen einholst.
Schalte Störquellen aus und lass dir etwas Zeit
dafür. Schlaf eine Nacht darüber oder nimm dir
eine kurze Auszeit, um wieder klarer sehen zu
können.

Frage dich, wohin dich diese Entscheidung
langfristig führt. Welche Konsequenzen sind damit
verbunden? Welche Chancen?
Schau dir den schlechtesten Ausgang und den
besten an.
Mache dir eine Pro- und Kontra-Liste. Wechsel den
Standpunkt und frag dich, was du bei dieser
Situation deinem Freund / deiner Freundin Raten
würdest? Bei anderen sehen wir die Dinge oft
klarer.
Wie würde ich bei dieser Entscheidung in 10
Minuten, 10 Monaten und 10 Jahren denken?

Wie du anhand dieser Pyramide sehen kannst,
beschreibt die Selbstfindung einen andauernden
Prozess, den du selbst aktiv betreibst. Sie besteht
aus deinen Grundbedürfnissen, deinem Sozialleben
und deiner Selbstfindung. Um glücklich und erfüllt
zu sein, sollte möglichst alles in einer Balance sein.

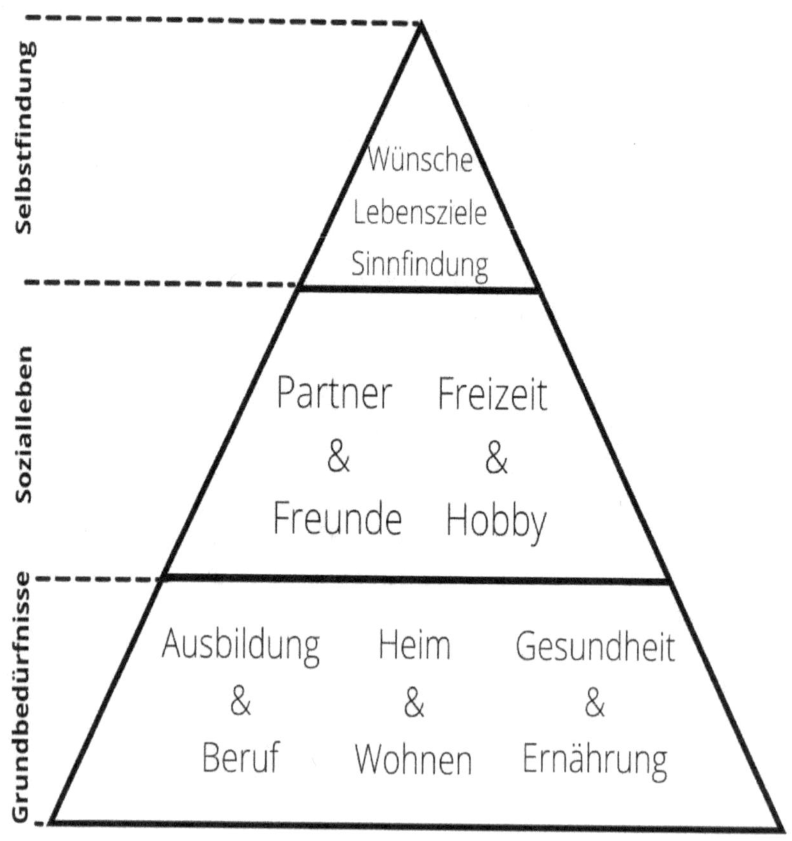

Ein super Tool, ist das sogenannte Lebensrad. Es hilft dir, zu sehen, welche Lebensbereiche bei dir in guter Balance sind und welche einen Mangel haben. Wenn wir etwas visualisieren, dann können wir damit oftmals mehr anfangen, als wenn man nur darüber spricht.

Deshalb lade ich dich nun zu dieser schönen Übung
ein.
Diese Abbildung zeigt dir, dein Lebensrad mit
deinen Lebensbereichen.

Lebensrad / Beginn:

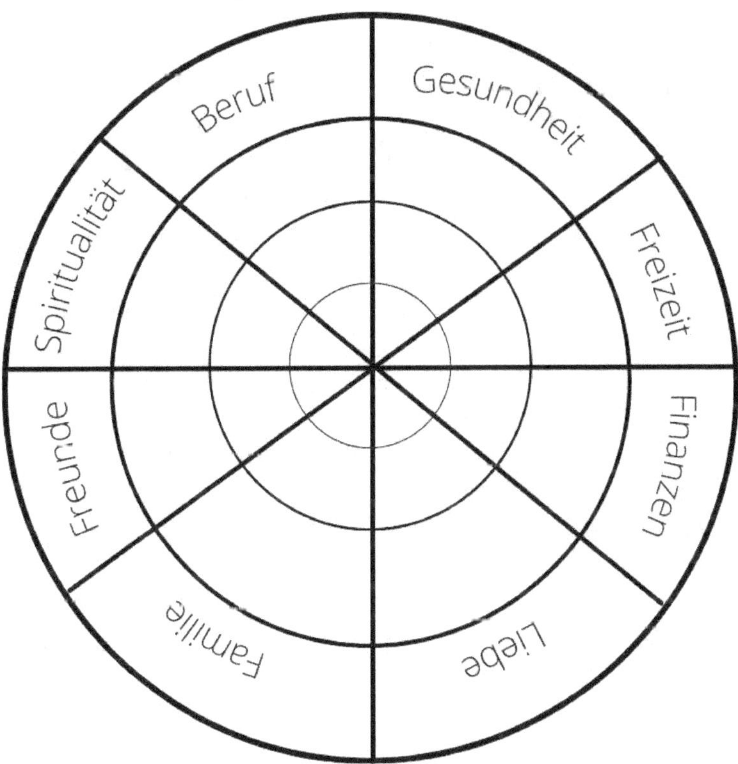

Du siehst, dass du zu jedem Lebensbereich 3 Teile
hast. Du kannst nun mit einer Skala von 1-3 (1 am
wenigsten, 3 am meisten Fülle) einzeichnen, wie
zufrieden du in deinem jeweiligen Lebensbereich
bist. Dabei ist es wichtig, dass du direkt die Zahl

wählst, die dir intuitiv als Erstes in den Sinn
kommt.

Es ist nämlich von großer Bedeutung, wenn du auf
deine innere Stimme hörst, denn dann ist es auch
richtig.
Wenn du also zufrieden in deinem Job bist, dann
kannst du die „drei Bereiche" gerne komplett
ausmalen. Wenn du aber eher unglücklich bist
dann male bitte nur einen „Bereich" aus (das
kleinste). Wenn du damit fertig bist, hast du eine
gute Übersicht über deine Lebensbereiche. Das
hilft dir, deinen Fokus nun auf die Bereiche zu
lenken, die im Mangel leben. Wenn du unglücklich
im Job oder in der Liebe bist, dann kannst auch nur
du etwas daran ändern. Mit meinen Klienten
wiederhole ich diese Übung dann auch gerne am
Ende des Jahres. So hat man einen Vergleich vom
Jahresanfang und Jahresende. Natürlich kannst du
dieses Lebensrad jederzeit ausfüllen und dann nach
einem Jahr vergleichen.

Lebensrad nach einem Jahr:

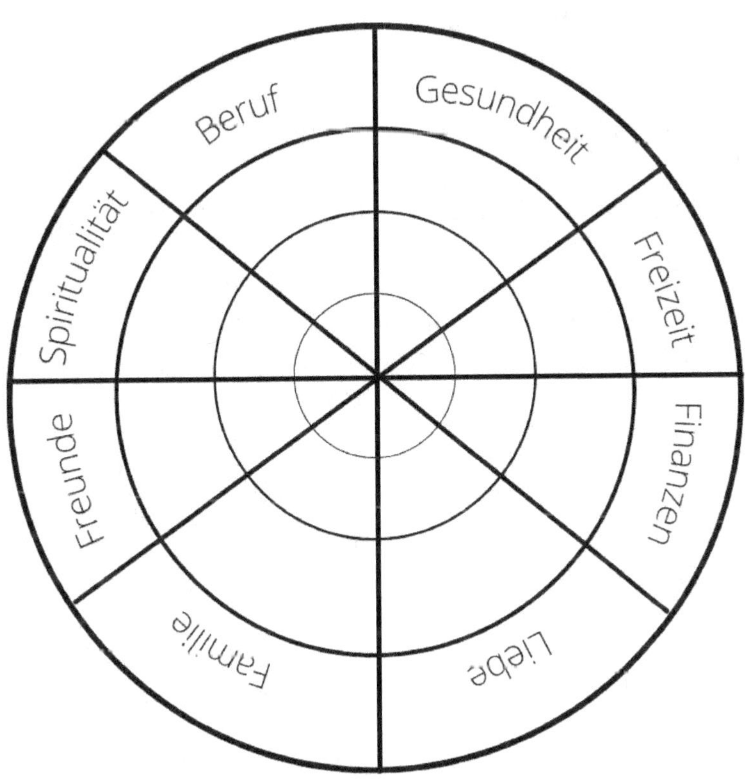

Ich möchte dir nun 7 Tipps und 7 Übungen mitgeben, die dir bei deiner Selbstfindung helfen können und dein Lebensrad verbessern können.

Selbstfindung Tipp 1: Vergleiche dich nicht mit anderen

Übung dazu: Morgenseiten schreiben

Sogenannte Morgenseiten sind eine noch freiere und intuitivere Form des Brainstormings. Dabei lässt du deinen Gedanken jeden Morgen freien Lauf und schreibst alles handschriftlich auf. Ziel ist es, über dich selbst, deine Gedankenwelt, Wünsche und Bedürfnisse mehr zu erfahren. Indem du die Morgenseiten am Abend reflektierst und analysierst, findest du heraus, was dich beschäftigt und wie dein Inneres Ich tickt. Natürlich kannst du deine Notizen zwischendurch ergänzen. Du lernst somit deine Gedanken und dein inneres Ich genau kennen.

Selbstfindung Tipp 2: Stell dich deinen Ängsten!

Übung dazu: An die eigene Beerdigung denken

Diese Übung mache ich sehr gerne mit meinen Klienten. Klingt makaber, kann aber ungemein aufschlussreich sein. Spul die Zeit gedanklich vor und visualisiere deine eigene Beerdigung: Was hast du alles erreicht? Was wird von dir bleiben? Was gibst du weiter? Bist du mit deinem (gelebten) Leben zufrieden? Indem du für dich selbst eine Art

Nachruf formulierst, erkennst du, was du in deinem Leben ändern musst, um das Leben zu leben, das in dir steckt und das DU wirklich willst.

Selbstfindung Tipp 3: Sprenge deine Grenzen

Übung dazu: Reichtum imaginieren

Viele von uns denken, sie müssten erst einmal reich werden, um ihre Träume zu verwirklichen. Also stell dir mal die 1-Millionen-Euro-Frage: Was würdest du tun, wenn du heute im Lotto gewinnst? Finde heraus, ob es sich nicht auch jetzt schon realisieren lässt. Das geht fast immer. Geld spielt keine so große Rolle! Denn Geld ist nicht das Gefühl, das man durch Reichtum haben will, sondern die Freiheit. Was kannst du alles für dich tun, um dich frei zu fühlen? Schreib es dir gerne mal auf.

Selbstfindung Tipp 4: Führe gute Beziehungen

Übung dazu: Alleine verreisen

Fahr doch mal allein in den Urlaub – wirklich ganz alleine. Ich weiß noch, wie ich vor vielen Jahren allein in den Urlaub geflogen bin und mir keiner glauben konnte, dass es einer der schönsten Urlaube war, die ich je gemacht habe. Vielen macht das Angst. Sie fürchten entweder die Einsamkeit oder die Langeweile. Doch genau darin liegt die Herausforderung: Wer allein reist, muss sich öffnen, auf fremde Menschen zugehen. Das kostet Überwindung, erzeugt aber zugleich mit jedem Mal mehr Selbstsicherheit. Obendrein können daraus wunderbare Bekanntschaften entstehen. Du kannst die Kultur des jeweiligen Landes besser kennenlernen, über dich hinauswachsen und sehr viel über dich lernen. So eine Auszeit nur für dich, hilft dir vor allem bei wichtigen Entscheidungen in deinem Leben.

Selbstfindung Tipp 5: Finde Ruhe

Übung dazu: Atmen und meditieren

Heutzutage sind wir alle viel zu beschäftigt. Stress blockiert und kann dadurch gefährlich für uns oder für unsere Mitmenschen werden.

Um gelassener zu werden, sind Entspannungsübungen und Meditationen Gold wert. Beides nimmt akuten Druck raus, macht den Kopf frei und bringt uns die innere Ruhe zurück. Oft helfen schon einfache Atemübungen. Atme dafür tief ein und zähl gedanklich beim Einatmen bis vier. Halte die Luft kurz an und zähl bis sechs. Zuletzt atmest du langsam aus und zählst bis acht. Diese Atemübung solltest du mindestens fünf Mal wiederholen. Du wirst merken, wie du entspannter wirst.

Selbstfindung Tipp 6: Nimm deine Maske ab

Übung dazu: Deine Maske erkennen

Wo setzt du überall eine Maske auf? Hast du dich schon mal dabei erwischt, dass du nur um jemanden zu gefallen ein „anderes Gesicht" aufgesetzt hast? Und seien wir doch mal ehrlich, jeder hat es mal in irgendeiner Form gemacht. Wie oft hast du Ja gesagt, obwohl du eigentlich ein Nein gedacht hast? Wie oft hast du gesagt, dass es dir gut geht, obwohl es nicht so war? Nutze diese Übung, um mal all deine Gesichter zu notieren. Du wirst erstaunt sein, wie selbstreflektierend diese Übung sein kann.

Selbstfindung Tipp 7: Verbringe Zeit mit dir

Übung dazu: Neue Gedanken sähen

Das ist wohl die schwierigste Übung für die meisten. Sich wirklich mal intensiv mit sich selbst zu beschäftigen. Ich würde fast behaupten, es ist schon die Königsdisziplin bei der persönlichen Entwicklung. Selbstreflektion ist unheimlich schwer. Denn die Schuld, für seine Probleme bei anderen zu suchen, ist immer der einfachste Weg.

Deshalb ist es wichtig, den Geist ab und an zu belüften und frische Ideen und Gedanken in den Kopf zu pflanzen. Die Wege dazu sind zahlreich: Bücher lesen, Gespräche führen, Blogs lesen, Podcasts hören, Workshops besuchen, einen Coach engagieren usw. Nutze wenigstens eine Variante davon, um dich nicht im Kreis zu drehen. Je öfter du gewohnte Bahnen verlässt, desto flexibler wird dein Denken und Handeln. Und die Ideen sprudeln.

Kapitel 5

Inneres Kind & Trigger

„Inneres Kind" = *modellhafte Betrachtungsweise*
innerer Erlebniswelten in der Psychotherapie
Das innere Kind ist eine Vorstellung für das, was
wir in unserer Kindheit gelernt und erfahren haben
und in uns noch immer existiert

„Trigger" (engl.) = *Auslöser*
für Dinge, die Erinnerungen an traumatische
Erlebnisse auslösen können

Vielleicht hast du ja schon ein mal von dem
inneren Kind in dir gehört? Wir alle haben eins.
Jeder von uns hatte schon einmal eine Situation in
der Er oder Sie sich „kindisch" verhalten hat. Es
sind Bilder, Gefühle, Erinnerungen und
Erfahrungen, die wir im Unterbewusstsein während
unserer Kindheit abgespeichert haben.
Viele Therapeuten arbeiten mit dem inneren Kind.
Es ist eine sehr wichtige Arbeit, um sich selbst
besser verstehen zu können. Auch unser
Urvertrauen und unsere Glaubenssätze stammen
davon ab.
Es gab bestimmt schon einige Sätze oder
Verhaltensweisen von Personen in deinem Umfeld,
die dich tierisch aufgeregt haben, oder? Hast du
dich schon einmal gefragt, wieso das manchmal so
ist? Umgangssprachlich sagt man heutzutage: „Das
hat mich getriggert!"

60

Aber auch Orte, Gerüche, Geräusche oder
Temperaturen können Trigger auslösen und unser
inneres Kind aufwecken.
Ein Mensch, der während seiner Kindheit oft von
einem alkoholisierten Elternteil geschlagen wurde,
kann zum Beispiel später durch den Geruch von
Alkohol getriggert werden.
So kann also die Situation entstehen, dass dein/e
Partner/in an einem Abend zu viel Alkohol trinkt
und es dich extrem anwidert oder wütend macht,
während es anderen nichts ausmachen würde.

Deshalb hilft es in Partnerschaften extrem, über
seine Trigger und Wunden zu sprechen.
So kannst du deinem/deiner Partner/in wenigstens
die Chance geben, rücksichtsvoller mit dir
umzugehen. Du darfst aber nicht verlangen, dass es
direkt funktioniert. Denn es gilt auch für dich,
daran zu arbeiten, damit es besser wird. Wenn du
nun jemanden in Watte packst, nur um die Person
vor dem Schmerz zu schützen, bringt es auch
nichts. Beides ist also wichtig. Die Arbeit an dir
und das Verständnis deines Partners bzw. deiner
Partnerin.
Das Leben wird dir auch immer wieder Situationen
geben, an denen du wachsen kannst und an dir
arbeiten darfst, bis du diese meisterst. Vergiss
nicht, dein/e Partner/in ist nicht deine Mutter oder
dein Vater!
Nehmen wir doch einmal ein anderes Beispiel:
Anna und Klaus sind in einer Partnerschaft und
leben zusammen. Gelegentlich geht Klaus auch mal
einkaufen. Nach der Arbeit ist er oft gestresst. Am
Morgen bat Anna Klaus, den Einkauf zu erledigen.

Als Klaus nach der Arbeit mit dem Einkauf nach
Hause kam und Anna die Tüten auspackte, begann
die Diskussion. „Klaus, wieso hast du wieder
meine Lieblingsmarmelade zum Frühstück
vergessen?" Es ist überhaupt keine Absicht von
Klaus gewesen, die Lieblingsmarmelade von Anna
zu vergessen. Nach dem stressigen Arbeitstag ist es
allerdings einfach untergegangen. Anna war aber
total wütend und Klaus konnte es gar nicht
nachvollziehen.
„Anna, das hab ich doch nicht mit Absicht
gemacht. Ich habe es einfach vergessen."
Doch für Anna war der Tag erst einmal gelaufen.
Es hat sie tief enttäuscht, dass Klaus nicht daran
gedacht hat.

Was fällt dir auf? Findest du Anna hat
überreagiert? Kannst du dir vielleicht denken,
warum sie so reagiert? Vielleicht haben Annas
Eltern sie als kleines Mädchen öfter „vergessen".
In ihrem Unterbewusstsein ist also diese Emotion,
diese Situation aus der Kindheit verankert. Es lässt
sie denken, dass niemand an sie denkt. Sie fühlt
sich wertlos. Deshalb geht sie in die
Abwehrreaktion und ist wütend.
Dabei ist Klaus anders als ihre Eltern. Er denkt fast
immer an Anna. Nur dieses Mal ist der Gedanke
bei ihm untergegangen. Nun müsste Anna in die
„Beobachter-Rolle" schlüpfen, um ihr Verhalten
zu analysieren.
Es ist verdammt schwer, seine eigenen
Verhaltensmuster zu erkennen und aus diesen
auszubrechen. Wir geben die Schuld lieber

anderen, weil es einfacher ist. Auf diese Weise
können wir nicht wachsen.
Meine besten Lehrer im Leben sind mein Partner,
meine Kinder und meine Familie.
Wie oft sie mich schon getriggert haben. Wie
schwer es mir gefallen ist, in die Beobachter-Rolle
zu gehen. Doch nun bin ich ihnen dafür dankbar.
Es lohnt sich, gewisse Situationen und Dinge
auszuhalten, um daraus zu lernen. Niemand hat
gesagt, dass der Weg leicht sein wird. Aber er lohnt
sich. Das Leben ist wie ein Meer. Die Wellen
bewegen sich ständig. Wenn man hart daran
arbeitet, verkraftet man die Wellen, ohne
unterzugehen, aber sie sind trotzdem da. Es gibt bei
diesem Prozess immer Höhen und Tiefen. So ist
das Leben. Aber wie gesagt, du entscheidest.

Um dein inneres Kind zu verstehen, hilft es dir
deine Glaubenssätze und Gefühle zu bestimmten
Ereignissen aufzuschreiben.
Stell dir dafür mal Situationen aus deiner Kindheit
vor. Wann hast du dich von Mama oder Papa
gekränkt, gedemütigt oder ungerecht behandelt
gefühlt? Notiere dir die Situationen und die
Gefühle, die dabei entstanden sind.
Beispiel: „Das schaffst du eh nicht!"

Situation mit Mama:

Welche Situationen gab es zwischen deiner Mutter
und dir, die in dir etwas Schlechtes ausgelöst
haben?

Welche Gefühle/Emotionen sind dabei entstanden?

Welche Situationen gab es mit deinem Vater?

____

____

____

Welche Gefühle/Emotionen sind dabei entstanden?

____

____

____

Nun kannst du anhand deiner Situationen und
Gefühle deine negativen Glaubensätze
aufschreiben. Welche negativen Glaubenssätze sind
bei dir entstanden?
Beispiel/Situation: „Papa sagte, dass ich das eh
nicht schaffe!"
Emotion: Traurig, niedergeschlagen, gedemütigt
Glaubenssatz: Ich bin nicht gut genug! Ich schaffe
nichts!

Negative Glaubenssätze, die bei mir entstanden
sind:

____

____

____

____

Schau dir nun deine negativen Glaubenssätze an.
Vermutlich begleiten sie dich bis heute. Vielleicht
triggern dich dadurch auch Situationen in deiner
Partnerschaft, bei Freunden oder Mitarbeitern.
Findest du Glaubenssätze, die du immer noch auf
andere projizierst?
Beispiel:
Bei meinem Partner fühle ich mich bis heute nicht
gut genug, obwohl er das noch nie gesagt hat.
(Dieser Glaubenssatz ist nur in deinem Kopf, durch
Situationen aus der Kindheit.)
Wie du siehst, bringt das innere Kind dich dazu,
dich besser zu verstehen. Dafür musst du nicht
deine ganze Kindheit auseinandernehmen und 100
Therapiestunden beantragen. Denn wichtig ist es,
deine Geschichte umzuschreiben. Du bist nicht
deine Glaubenssätze und deine Gedanken.

Nun ist es wichtig, die negativen Glaubenssätze
umzuschreiben und dir auch gute Dinge aus der
Vergangenheit zu notieren. Denn deine Eltern
hatten trotz ihrer Fehler, natürlich auch gute Seiten.

Beispiel:
Situation → Mama hat immer lecker für mich gekocht.
Emotion → Geborgenheit
Glaubenssatz → Ich werde geliebt, Ich genüge.
Denke nun an eine Situation mit deiner Mutter, die besonders großartig war:

____

____

____

____

Welche Emotionen hat sie hervorgerufen?

____

____

____

Welcher positive Glaubenssatz ist dadurch entstanden?

____

____

Denke nun an eine tolle Situation mit deinem
Vater:

Welche Emotionen hat sie hervorgerufen?

Welcher positive Glaubenssatz ist dadurch
entstanden?

Durch diese Übung kannst du Frieden mit deinem
Schattenkind annehmen. Falls du keine Eltern
hattest, kannst du auch die Personen benutzen, die
dich großgezogen haben.
Welches Thema hier nicht vorkommen sollte, sind
Traumata. Sexueller Missbrauch braucht eine
eigene Therapie und kein Coaching. Traumata sind
sehr sensible Themen, weshalb das Rumgraben in
der Vergangenheit mehr Schäden verursachen
könnte.

Was dir auch helfen kann, dein Schattenkind
anzunehmen sind geführte Meditationen. Es gibt
zahlreiche im Internet auf YouTube, Spotify & Co.
Außerdem sind Affirmationen ein sehr gutes Tool,
um deine positiven Glaubenssätze zu verankern.
Dafür kannst du jeden negativen Glaubenssatz in
einen positiven Glaubenssatz umschreiben. Du
kannst dir dann deine neuen positiven
Glaubenssätze auf dein Handy sprechen und
morgens vor dem Aufstehen einmal abhören. Es
stärkt dein Selbstbewusstsein und deinen
Selbstwert enorm. Probiere es einfach mal aus, es
kostet dich nichts. Ich möchte an dieser Stelle auch
den wunderbaren Podcast „Leben, Lieben, Lassen“
von Claudia Bechert-Möckel empfehlen. Dieser

Podcast war für mich persönlich immer sehr
lehrreich.
Du findest ihn auf Spotify und anderen Kanälen.

Kapitel 6

Das Gesetz der Anziehung

„Das worüber du ständig nachdenkst, ziehst du an." – Diana Fojcik

Dieses Gesetz wiederholt sich in der Persönlichkeitsentwicklung ständig. Vielleicht kennst du den Film oder das Buch „The Secret", in dem das Gesetz der Anziehung ausführlich erklärt wird. Falls nicht, wäre das an dieser Stelle ein kleiner Tipp von mir zu diesem Thema.
Was hat es mit diesem Gesetz auf sich?
Ich erkläre es dir einmal mit einem Beispiel.
Ist dir schon mal aufgefallen, dass Lottogewinner zum Ende ihr ganzes Geld ausgegeben haben?
Daran erkennst du den Magnetismus.
Wenn jemand dauerhaft im Mangel gelebt hat und auch mangelnden Glauben an sich hatte, dann führt das zum Ursprung zurück. Da nützt auch das ganze Geld nichts, außer man ändert wirklich seine Einstellung. Unsere Glaubenssätze sind sehr tief verwurzelt und es ist, wie ich schon sagte, harte Arbeit, diese zu durchbrechen, aber es ist möglich. Du bist, was du denkst, und du ziehst an, was du bist. Wenn in dir also ein kleiner Pessimist lebt, ziehst du in gewissen Lebensbereichen auch eher Negatives an. Hast du dich schon mal gefragt, wieso erfolgreiche Menschen sich kaum Sorgen um Geld machen? Ihre Glaubenssätze zum Thema Geld sind positiv eingestellt. Sie haben keine Angst und geben bei Krisen auch nicht so schnell auf.

Du erschaffst deine „Probleme" selber durch deine Gedanken. Es gibt nämlich keine Probleme, sondern nur Aufgaben, die du zu bewältigen hast. Nehmen wir mal an, du bekommst unerwartet eine Rechnung. Nun ist es in dem Moment deine Aufgabe, das Beste aus dieser Situation zu machen. Entweder du verfällst deinen negativen Gedanken und gerätst in Panik und Angst oder du bemühst dich, dass du diese Rechnung begleichen kannst. Wenn du jetzt denken solltest, dass sich die Rechnung von allein bezahlt, dann funktioniert das natürlich nicht. Du musst schon etwas dafür tun. Bezahlen musst du die Rechnung sowieso, aber ist es das jetzt wert, dass dein Tag deshalb mies verläuft?

Positive Einstellungen und Gedanken ziehen positive Dinge an, während negative Einstellungen Negatives anziehen. Was du denkst, strahlst du aus! Was du ausstrahlst, ziehst du an!

Klingt einfach und logisch, ist aber in der Tat harte Arbeit, die umgesetzt werden muss.

Wenn du nicht an dich und an deine Idee glaubst, dann wird wohl kaum ein anderer damit anfangen. Wenn du davon überzeugt bist, dass dich andere nicht mögen, dann wirst du auch nicht sympathischer. Wie sollst du dann sympathische Menschen anziehen? Wenn du von Grund auf an diese negative Einstellung hast und nie lächelst, dann wirkst du natürlich nicht so sympathisch auf andere.

Stell dir vor, ein grimmig gestimmter Mann schaut dich an, würdest du ihn sympathisch finden? Was wäre, wenn eine Frau dir ein sympathisches

Lächeln schenken würde? Fändest du sie freundlicher? Sehr wahrscheinlich schon.

Um dieses Gesetz wirksam zu machen, solltest du lernen deine positiven Gedanken zu manifestieren. Wenn du oft negative Gedanken hast, ist es enorm wichtig, dass du diese in positive Gedanken umwandelst. Es bedeutet nicht, dass du dir einfach einredest: „Heute wird ein guter Tag!" Nein, du musst es auch spüren, fühlen und Leben! Du wirst am Anfang merken, wie schnell du in alte Muster fällst. Wie schnell du aufgeben möchtest und wie schnell negative Gedanken hochkommen werden. Du hast dein Gehirn bis jetzt oft negativ programmiert, also habe Geduld bei dem Prozess und es wird sich auszahlen.

Ich empfehle dir, deine Notizen und Glaubenssätze immer mal wieder durchzulesen. Nach einer Übung ist es nämlich noch nicht getan. Es erfordert Geduld und Disziplin. Bist du bereit für ein neues Ich?

Manifestieren kann dir bei diesem Gesetz helfen. Wichtig ist, dass du keine Wünsche äußerst, sondern Intentionen hast. Die Lebensradübung in Kapitel 3 kann dir bei deiner Zielsetzung helfen. Ich empfehle dir, immer Ziele vor Augen zu haben. Bevor ein neues Jahr beginnt, bietet es sich an, solche Listen zu schreiben. Du kannst aber auch mit Kleinigkeiten anfangen, um das Manifestieren zu lernen. Sei dabei geduldig mit dir, es wäre ein Trugschluss zu denken, dein Erfolg würde sich über Nacht einstellen. Meditationsübungen sind ein perfektes Tool dafür.

Übung dazu:

Mache eine kurze Meditation im Hier und Jetzt.
Stell dir dabei mal dein größtes Ziel vor.

- Schließe deine Augen.
- Atme tief ein und wieder aus.
- Visualisiere dein Ziel.
- Fühle nun, wie es sich anfühlt, wenn du es erreicht hast.

Diese kurze Übung kann dir schon helfen, dein Ziel festzuhalten.

Eine weitere Möglichkeit ist ein „Visionboard".
Hast du schon mal davon gehört? Hier ist deine Kreativität gefragt.
Besorg dir einen Bilderrahmen, ein festes Stück Pappe oder Ähnliches.
Drucke dir nun Bilder von deinen Zielen aus. Auf Pinterest findest du viele Beispiele von Visionboards und Bildern.
Gestalte deine eigene Leinwand mit deinem Wunschleben und mit der Intention, dass du es genauso einmal führen wirst.
Glaube fest daran und gehe nicht in das Mangel denken wie z.B.: „Das kann ich mir nicht leisten!" oder „Das schaffe ich nicht!"
Das ist nur in deinem Kopf. Gehe dafür wirklich ins Gefühl.

Kapitel 7

Familie, Freundschaft & Partnerschaft

„Dein Umfeld färbt auf dich ab. Wähle weise, mit wem du dich umgibst!"

Du wirst in deine Familie reingeboren und hast nicht die Wahl dir deine Mutter, dcinen Vater oder Geschwister auszusuchen. Du hast jedoch die Wahl, wie du mit Lebenssituationen umgehst. Auch was deine Familie angeht. Wir Menschen streben nach dem glücklichen Familienleben. Aber nicht immer ist dies der Fall. Deine Familie ist aber der beste Lehrmeister, den du haben kannst. Kaum zu glauben, oder? Wenn dich jemand aus deiner Familie triggert, dann ist es eine sehr gute Übungsaufgabe für dich.

Freundschaften und Partnerschaften hingegen sind jederzeit frei wählbar. Du hast es jederzeit selbst in der Hand, wie dein Umfeld aussieht.

Warum tun uns manche Menschen gut und andere nicht? Warum verbringen wir mit Menschen viele Jahre und plötzlich können wir sie nicht mehr leiden? Warum gibt es überhaupt bestimmte Menschen in unserem Leben und andere gehören nicht dazu? Meist sind es genau die Menschen in unserem Leben, die wir gerade benötigen. Im Positiven wie im negativen Sinne. Das bedeutet allerdings nicht, dass es nur positiv ist, wenn du von Schmeichlern und Ja-Sagern umgeben bist. Es ist auch nicht immer negativ, Kritiker oder Nörgler um sich zu haben. Manchmal ist es sogar gut, genau solche Menschen, um sich zu haben, denn

75

sie halten uns oft den Spiegel vor oder verweisen
auf unsere Unzulänglichkeiten, wie ich dir schon
anhand des Trigger-Beispiels gezeigt habe. Es wird
immer wieder Menschen geben, die ungefragt und
ungebeten in dein Leben kommen – nimm sie an,
sie gehören dazu, du kannst sie jederzeit wieder
wegschicken.
Mach dir bewusst, dass dein Umfeld sich
automatisch verändert, indem du dich veränderst.
Das ist der Lauf des Lebens und auch völlig in
Ordnung. Du willst glücklich sein – suche
dir glückliche Menschen. Du willst erfolgreich sein
– suche dir erfolgreiche Menschen. Du willst eine
bestimmte Sache machen oder lernen – suche dir
Menschen, die diese Sache schon gemacht haben.
Du willst ein selbstbewusster Mensch sein – dann
such dir genau solche Menschen für dein Umfeld
aus und lerne von ihnen.
Dein Umfeld bestimmt dein Sein!

Auch im Bereich der Partnerschaft kannst du
einiges lernen, hier triffst du wieder auf das Gesetz
der Anziehung. Du ziehst den Partner an, der auf
der gleichen Frequenz schwingt wie du. Auch wenn
es dir nicht direkt so vorkommt, es ist wirklich
immer so.
Kennst du eigentlich die fünf Sprachen der Liebe?
Die Fünf Sprachen der Liebe ist ein Thema in der
Paartherapie, den der amerikanische Paar- und
Beziehungsberater Gary Chapman prägte. Er
bezieht sich auf fünf verschiedene
Beziehungssprachen, die in Partnerschaften gelebt
werden und die für ein „Sich-geliebt-Fühlen"
verantwortlich sind.

Sie helfen dir dabei, deinen Partner und dich besser zu verstehen. Somit kann eure Beziehung nochmal aufblühen, denn nicht alle Paare sprechen dieselbe Liebessprache. Im Coaching erlebe ich dann oft, dass viele Paare den Eindruck haben, einer würde immer mehr lieben. Das kann zwar manchmal stimmen, aber es ist auch oft ein falscher Blickwinkel. Häufig verbirgt sich dahinter nämlich, dass die Partner ihre Liebe und Zuneigung unterschiedlich zeigen. Und wie jeder seine Art als die richtige empfindet, wirkt die vermeintlich falsche Art des Partners wie ein Mangel an Liebe. Welche Sprachen gibt es denn eigentlich? Schau mal, welche Liebessprache du sprichst.

1) Lob & Anerkennung

Wer diese Sprache beherrscht, hat keine Probleme, Menschen mit Komplimenten oder Lob zu überhäufen. Typische Sätze dafür sind:
„Ich bin stolz auf dich!“, „schön, dass du da bist!“ oder ein „ich liebe dich!“
Für diese Sprache bedarf es keinen besonderen Anlass, vielmehr tut es Anerkennungsanhängern gut, ihr Gegenüber wissen zu lassen, was für ein wunderbarer und besonderer Mensch er ist. Dafür ist ihnen auch die eigene Wertschätzung ebenso wichtig. Sie fühlen sich schnell zurückgesetzt, wenn der Partner sie sehr wenig lobt oder anerkennt.

2) Zweisamkeit

Ich nenne sie auch gerne Quality time. Zeit mit
dem Lieblingsmenschen zu verbringen, steht für
diese Menschen an oberster Stelle. Dabei geht es
nicht nur um besondere Erlebnisse, sondern auch
Momente bewusst und intensiv zu genießen, wie
bei einem schönen Abendessen, guten Gesprächen,
gemeinsamen Hobbys oder Ritualen.

3) Geschenke

Wer die Geschenke-Sprache spricht, der hat Freude
daran, andere zu überraschen, gerne auch mit
kleinen Dingen. Wer die Fähigkeit besitzt, zu
bemerken, was sich der Partner wünscht, sieht
dessen Augen schnell leuchten. Allerdings sind
diese Menschen auch schnell enttäuscht, wenn der
Partner beispielsweise nach einer langen Reise kein
kleines Mitbringsel dabeihat.

4) Hilfsbereitschaft / Unterstützung durch
   Taten

Nicht lange quatschen, einfach machen. Wer diese
Sprache spricht, erkennt sofort, wo Hilfe benötigt
wird. Diese Menschen bringen beispielsweise
unaufgefordert den Müll raus, unterstützen im
Haushalt oder helfen bei anderen Tätigkeiten.
Dem anderen etwas Arbeit abzunehmen oder ihn zu
unterstützen ist hier die Art, Liebe zu zeigen.
Wird diese Sprache nicht erkannt, fühlen sich die
Menschen mit dieser Liebessprache nicht
wertgeschätzt und ziehen sich emotional zurück.

5) Intimität

Wer diese Sprache spricht, braucht Zärtlichkeit,
Berührungen und körperliche Intimität. Dabei ist
weniger wichtig, gesagt zu bekommen, wie sexy
man ist - eine sinnliche Liebesnacht ist Beweis
genug dafür.
Für eine erfüllende Beziehung brauchen diese
Menschen regelmäßigen Körperkontakt. Wie eine
Pflanze, die gegossen werden muss, ist es für diese
Personen wichtig, lange Umarmungen,
leidenschaftliche Küsse und Streicheleinheiten zu
erfahren.
Auch hier gilt: Taten zählen mehr als Worte!

Na, erkennst du deine Liebessprache? Häufig
spricht man nicht nur eine. Mit diesen großartigen
Tipps kann sich deine Partnerschaft extrem
verbessern.
Kommunikation ist das A&O in jeder Beziehung,
egal ob in Freundschaften oder Partnerschaften.
Die meisten Beziehungen gehen auseinander durch
mangelnde Kommunikation. Nicht geäußerte
Wünsche oder Vorlieben, die nicht besprochen
worden sind und im Laufe der Jahre fehlen.
Ein gutes Tool für Partnerschaften sind
regelmäßige Seelengespräche oder auch „deep
talk" genannt. Eure Beziehung kann durch dieses
Ritual enorme Stärke und Intimität entwickeln.
Auch zu Beginn einer Beziehung ist es wichtig, im
Voraus wichtige Bedürfnisse zu klären. Natürlich
können sich einige Dinge im Laufe der Jahre
ändern, aber die grundlegenden Sachen sollten im

Vorfeld geklärt sein. Welches Beziehungsmodell möchten wir führen? Kinder, ja oder nein? Eine klare Kommunikation ist für alle Thematiken wichtig. Wie händeln wir unsere Finanzen? Wie erhalten wir immer Augenhöhe? Wie erziehen wir unser Kind? Was tun wir, wenn die Kinder das Haus verlassen? Und, und, und.
Ich möchte dir anhand dieser Skizze das Haus der Liebe vorstellen.

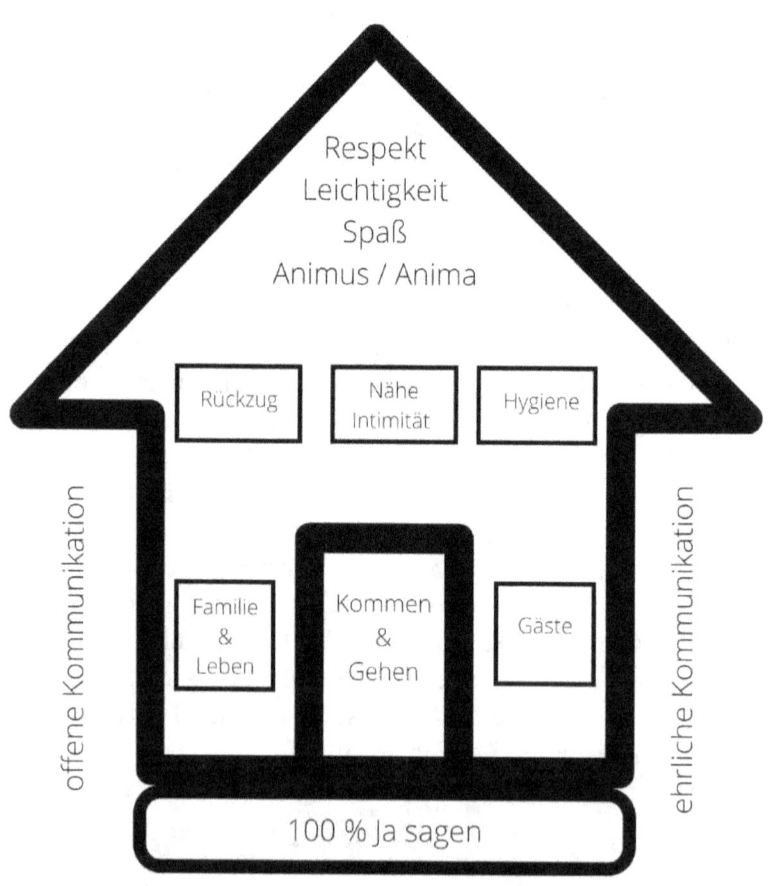

Wenn du nach einer glücklichen Partnerschaft bzw.
Familie strebst, ist diese Skizze eine gute Vorlage,
Um dir bewusst zu machen, was dafür wirklich
wichtig ist.

In der heutigen Zeit sagen immer weniger
Menschen hundertprozentig „ja" zu ihrem Partner,
obwohl sie das selbst erwarten.

Es wird zu schnell ausgetauscht oder bei der
kleinsten Kleinigkeit weggeworfen. Oftmals geben
wir dem anderen die Schuld.

Doch es wird im Leben nie Menschen geben, die
keine Fehler machen oder perfekt sind. Zu
jemandem zu stehen, obwohl er Macken und Fehler
hat, das ist Stärke. Damit meine ich nicht, dass du
dir alles gefallen lassen musst oder sollst. Aber bei
Kleinigkeiten nicht die Flinte ins Korn zu werfen,
ist die Herausforderung im heutigen Zeitalter.

Wenn du möchtest, dass dein Partner
hundertprozentig Ja zu dir sagt, dann sag zu deinem
Partner auch zu hundertprozentig ja!

Gerade bei Paaren die länger zusammen sind oder
Kinder bekommen haben, sieht man, wie das Haus
der Liebe im Ungleichgewicht ist.

Aus eigener Erfahrung kann ich dir sagen, dass
diese Skizze Gold wert ist, um sich daran zu
erinnern, was man in seiner Familie möchte.

Nur weil ihr Eltern geworden seid, heißt es nicht,
dass ihr kein Paar mehr seid. Dass ihr nicht mehr
Frau und Mann seid.

Als Animus bezeichnet man die Männlichkeit.
Anima ist die Weiblichkeit. Es ist wichtig, dass
diese Anteile in einer Balance sind oder sich
gegenseitig gut ergänzen. Frauen verlieren häufig
ihren Anima-Anteil nach der Geburt oder nach

einer Trennung. In der Umgangssprache würde
man sagen, sie lassen sich gehen.
Es ist aber für dich als Frau wichtig, diesen Anima-
Teil auszuleben, damit du als Frau zufriedener bist.
Mach dich wieder hübsch, kauf dir etwas Schönes
zum Anziehen, denn du lebst nur einmal. Und falls
du ein Mann bist, dann scheu dich nicht auch mal
deine Anima zu zeigen. Spiel nicht immer den
Harten, zeig auch mal Emotionen. Glaube mir, ein
Mann, der Gefühle zeigen kann, ist äußerst
attraktiv. In anderen Situationen darfst du gerne
den Animus zeigen. Beim Tragen des Einkaufs
oder beim Aufbau eines Möbelstückes. Wichtig ist,
dass du weißt, dass beide Geschlechter diese
Anteile haben. Doch durch gewisse Lebensweisen
kann es dazu kommen, dass ein Ungleichgewicht
herrscht, was dann wieder zur inneren
Unzufriedenheit führt.

Kapitel 8

Begegne dir selbst! Entdecke deine Schatten!

„Jeder Mensch ist wie ein Mond, der eine dunkle Seite hat, aber sie niemanden zeigt." – *Mark Twain*

Im Laufe des Lebens habe ich mit verschiedensten Menschen zusammengearbeitet. Vorab: Die besten Beispiele siehst du im Freundeskreis oder in der Familie. Wieso gibt es Menschen, die ihre Zufriedenheit wirklich aus tiefstem Herzen ausstrahlen können? Wohingegen es bei anderen wiederum wie eine aufgesetzte Maske wirkt? Genau da ist das Wort. Maske! Wir machen alle mal Fehler oder verhalten uns nicht richtig. Doch weißt du was nicht jeder macht? Authentisch sein. Mir ist es bei meiner Arbeit als Persönlichkeitscoach extrem wichtig, ich zu sein. Den Menschen nicht zu erzählen, ich habe positiv gedacht und dann war alles gut. Nein, das war es nicht! Manchmal bin ich durch die emotionale Hölle gegangen, aber dadurch entstand mein größtes Wachstum. Nun frag dich mal selbst, wie oft du in deinem Leben eine Maske getragen hast. Wie oft hast du etwas überspielt? Wie oft wolltest du jemand anders sein? Wie oft hast du dich selbst belogen? Weißt du, was der Unterschied zwischen den Masken-Menschen und den authentischen ist? Die Authentischen sind trotz ihrer Makel und ihrer Fehler mit sich selbst im Reinen. Sie wissen, dass sie nicht immer perfekt sind.
Sie wissen, dass es wichtig ist, die eigenen Schattenanteile anzunehmen.

„Schattenanteile" klingt ziemlich böse, oder? Doch die hat jeder von uns. Es ist überhaupt nichts Schlimmes. Wichtig ist, dass du deine Schattenanteile kennst, sie annimmst und daran arbeitest.

Ich möchte dir mal einige Klienten Geschichten dazu erzählen. Petra ist Mutter und in ihrer Rolle hin und wieder überfordert, würde es aber ungerne zugeben. Sie versucht immer alles perfekt zu machen, auch wenn ihre Kräfte manchmal dafür nicht ausreichen. Ihr Schatten ist geplagt von einer aggressiven Ader. Das heißt, immer wenn ihr alles zu viel wird, bricht sie aus.

Sie wird wütend, sie wird laut und manchmal sogar handgreiflich mit ihrem Partner.

Petra weiß, dass diese Verhaltensweisen nicht richtig sind, hat aber Probleme das zu ändern.

Sie wusste nicht wie. Irgendwann ist die Beziehung zu ihrem Partner gescheitert, weil beide ihre Schattenanteile nicht annehmen konnten und es nie zu Lösungen kam. Als Petra alleinerziehend geworden ist, begann sie sich die richtigen Fragen zu stellen. Sie fing dabei bei sich an und nicht bei ihrem Partner. Was hätte sie besser machen können? Sie fing an, ihre Schattenteile anzunehmen, sich nicht mehr dafür zu schämen und sie fing an daran zu arbeiten. Sie setzte ihre Maske ab. Wenn ihr mal nicht danach war perfekt zu sein, teilte sie es ihren Mitmenschen mit.

Wenn eine Freundin ähnliche Probleme hatte, wies sie diese darauf hin, dass sie selbst schon den einen oder anderen Fehler gemacht hat. Somit zeigte sie ihren Mitmenschen ihr wahres ich.

Die Petra, die nicht immer perfekt war. Die mal aus der Haut gefahren ist. Die mal keine Lust hatte perfekt gestylt zu sein.

Petra konnte wieder anfangen zu strahlen. Wenn Petra lachte, dann war es echt. Wenn Petra weinte, war es auch echt. Wenn sie ein Problem hatte, öffnete sie sich und kommunizierte über ihre Gefühle. Als sie die Maske ablegte, ist sie authentisch geworden und verspürte in sich einen inneren Frieden.

Wieso erzähle ich dir das alles? In den meisten Büchern steht immer, dass du dich selbst lieben sollst usw. Ja, das ist wichtig, aber wenn du dich selbst belügst und somit auch andere, wie sollst du dich dann lieben können? Richtig, das geht nicht. Um sich selbst lieben zu können, muss man authentisch sein und dies auch wirklich leben.

Ich möchte dir noch gerne eine Geschichte von einem Mann erzählen. Mir ist es wichtig, dass auch Männer dieses Buch auf sich beziehen können, auch wenn es eine Frau geschrieben hat.

Alex belügt sich sein ganzes Leben schon selbst und somit auch unbewusst Andere. Alex ist ein notorischer Fremdgeher. Treue ist noch nie „seins" gewesen. Alex Entwicklung konnte man lange mitverfolgen

Er sagte zwar immer, es ginge ihm gut und alles ist okay, aber wenn man genau hingesehen hatte, dann sah man, dass ihn tief in seiner Seele etwas unzufrieden machte. Für manche Menschen, die ziemlich unbewusst und oberflächlich leben, wäre diese Unzufriedenheit nicht sichtbar. Alex leugnet bis heute sein Verhalten. Sein Freundeskreis weiß bis heute nicht von ihm, dass er Frauen betrügt und einen aggressiven Schatten in sich trägt. Siehst du dieses Muster? Auch Alex trägt seit Jahren eine Maske. Was waren seine Konsequenzen? Er verlor die Liebe seines Lebens, das Verhältnis zu seinem Kind war nicht mehr wie vorher, mit den Jahren verlor er immer mehr Leute aus der Familie, aber auch Freunde, die ihm mal sehr viel bedeutet haben. Die Menschen, die diese Maske nie fallen gesehen haben, kehrten ihm den Rücken. Bis heute ist Alex überzeugt davon, dass die anderen Schuld sind. Alex hat weder seine Schattenanteile angenommen noch seine Maske vor anderen fallen lassen und über seine Gefühle gesprochen. Deshalb fehlt ihm bis heute dieses Strahlen, diese Zufriedenheit in seinem Gesicht. Er weiß ganz genau, was er im Leben getan hat, lebt aber bis heute mit einer Maske.

Manche Menschen tragen ihre Maske bis ins Grab und werden nie friedvoll sterben.

Eine traurige Vorstellung. Gerade wenn Eltern eine Maske tragen, färbt dies auch auf die Kinder ab. Weißt du nämlich, was das Kind von Alex jahrelang tat? Richtig, es trug lange eine Maske.

Es ist unglaublich, wie man Muster weitergeben kann.

Wie lange möchtest du deine Maske noch tragen? Versteh mich nicht falsch! Es bedeutet nicht, dass du jedem alles über dich erzählen musst. Aber wenn du dich selbst belügst, wirst du nie dein Wachstum bemerken und es ausstrahlen.

Mit den Schattenteilen ist es wie mit dem inneren Kind.

Wenn du sie versteckst oder unterdrückst, wirst du dein Potenzial nicht entfalten, weil du nicht über

dich hinauswächst. Es ist schwer und dazu braucht
es viel Kraft, aber nur wenn du sie löst, kannst du
das Leben führen, das du dir wünscht. Was auch
immer du an anderen wahrnimmst, es hat immer
was mit dir zu tun. All die Dinge, die wir
bewundern oder ablehnen, sind unsere eigenen
unbewussten Anteile. Es gibt aber auch dunkle
Seiten an uns selbst, die wir ablehnen oder nicht
mögen.
Nur wenn wir sie in vollem Umfang annehmen, uns
lieben, wie wir nun einmal sind, uns selbst
akzeptieren und vollkommen zu uns stehen mit
allem, was da ist, können wir „ganz" werden. Wie
gehst du damit am besten um?

- Geh in die Beobachter Rolle:

  Beobachte Dich und Deine Reaktionen in
  zwischenmenschlichen Beziehungen und
  Kontakten. Was nimmst Du an anderen
  Menschen wahr? Was bewunderst Du? Was
  stört Dich?

- Setze deine Beobachtungen in Bezug zu dir:

  Was erkennst du von deinen
  Wahrnehmungen in dir selbst? Was
  vermisst du oder hättest du gerne davon?
  Geh bei dieser Übung liebevoll mit dir um.
  Sei ehrlich und aufrichtig mit dir.

- Integriere deine Erkenntnisse:

Egal wie stark du deine positiven Seiten
hervorhebst, auch du hast schlechte
Eigenschaften. Erkenne an, dass auch du
einige dieser Facetten in dir trägst.

- Selbstakzeptanz:

Nimm dich so an, wie du bist. Öffne dein
Herz für dich selbst. Nimm all deine
Stärken und Schwächen an. Du bist wie du
bist. Was auch immer in deinem Leben
vorgefallen ist, welche Fehler du auch
gemacht hast, du kannst nicht plötzlich wer
anders sein. Du kannst aber aus dem, was
geschehen ist, lernen und wachsen.
Jeder Mensch hat in jedem Augenblick
seines Lebens neu die Chance, sich zu
entscheiden, wie er handelt, was er denkt
und was er sagt.
Alle Möglichkeiten etwas zu ändern, sind in
jedem einzelnen Moment des Lebens
gegeben. Also bedauere nicht länger, was in
der Vergangenheit war, sondern vergib Dir
in der Gegenwart und sei, wer Du bist, im
JETZT & HIER. Wunderbare Tools sind
„Selbstliebe Meditationen", um intensiv in
dieses Gefühl zu gehen. Du wirst dadurch
eine innerliche Befreiung spüren.

Kapitel 9

Seelisches Erbe

Der Schmerz, der eigentlich nicht deiner ist

„Der Körper ist das Grab der Seele." — Platón

Vorab möchte ich dir sagen, dass auch ich all die
Phasen im Leben hatte und unzählige Menschen
auf diesem Planeten auch.
„Ich kann nicht mehr", „ich schaffe es nicht", „ich
will nicht mehr."
Ja, wenn uns der Boden unter den Füßen
weggerissen wird, zerbricht für uns erst einmal eine
Welt. Doch heute weiß ich, es geht immer.
Du kannst! Wenn du willst! Der Wille muss groß
genug sein, sich mit deinem Schmerz und deinem
Verhalten auseinanderzusetzen.
Es sollte nicht alltäglich sein, dass du darüber
nachdenkst, dir das Leben zu nehmen oder
Ähnliches. Hier sollten alle Alarmglocken läuten!
Was dir kaum ein Therapeut erzählt, ist, dass es
seelische Schmerzen gibt, die vererbt worden sind.
Klingt erstmal ziemlich verrückt, doch du wirst
erstaunt sein, was sich dahinter verbirgt. Da ich
nicht nur als Coach arbeite, sondern auch einen
naturwissenschaftlichen Beruf erlernt habe, spielen
für mich die Wissenschaft und die Forschung eine
große Rolle. So greift alles ineinander.
Wissenschaft und Spiritualität.
Heutzutage weiß man durch die Epigenetik
(Fachgebiet der Biologie, beschäftigt sich mit der
Frage, welchen Einfluss die Umwelt auf

die Gene von Lebewesen hat), dass gespeicherte
Informationen in unserem Überlebenssystem an die
nachkommende Generation weitergegeben werden.
Unsere DNA wird von positiven sowie von
negativen Gedanken und Glaubenssätzen
beeinflusst. Bruce Harold Lipton ist ein US-
amerikanischer Entwicklungsbiologe und
Stammzellenforscher, der dieses Phänomen belegt
hat.
Bei schwangeren Frauen ist es erwiesen, dass sich
deren Emotionen wie z.B. die Angst, auf das
Erbgut des Kindes übertragen können.
Nicht also die Gene prägen den Menschen, sondern
die Menschen prägen die Gene.
Verschiedene Traumata können also bis zur dritten
Generation unbewusst vererbt werden. Nehmen wir
als Emotion die Enttäuschung. Einige reagieren bei
Enttäuschungen relativ gelassen und sind gar nicht
lange gekränkt. Andere wiederum explodieren,
wenn sie enttäuscht worden sind. Natürlich
unterscheiden wir uns alle. Der eine ist
temperamentvoller als der andere usw.
So entstand in Deutschland das Themengebiet über
„Kriegskinder & Kriegsengel". Dabei handelte es
sich um die Kinder aus dem 2. Weltkrieg. Eine
ganze Generation, die zum Großteil ihre
traumatischen Kindheitserlebnisse nicht
aufgearbeitet hat.
So kann es sein, dass man oft extrem schreckhaft
ist und sich nicht erklären kann, woher dieses
Gefühl kommt.
Wenn du nun aber weißt, dass deine Ahnen
Kriegskinder waren, liegt es nahe, dass auch diese

sich oft erschrocken haben, als eine Bombe
explodiert ist.
Wie du siehst, gibt es bestimme Traumata, die in
der Familie sehr tief verwurzelt sind.
Häufig haben die Eltern dann auch ähnliche
Muster.
Der amerikanische Therapeut Mark Wolynn forscht
seit mehr als 20 Jahren über dieses Phänomen und
verfasste dazu das Buch „Dieser Schmerz ist nicht
meiner". Meist ist den Betroffenen dieses
belastende Erbe nicht einmal bewusst und somit
leben bestimmte Familiengeschichten über
Generationen in uns weiter.
Wieso besitzen einige Menschen Glaubenssätze
wie z.B. „Ich bin nicht gut genug!", „Ich bin nicht
erwünscht!" Obwohl ihre Eltern stets bemüht
waren und ihr Kind gar nicht so vernachlässigt
haben. Es können also Glaubenssätze von unseren
Ahnen sein, die eigentlich gar nicht unsere sein
dürften.
Wer unwissentlich von Eltern, Großeltern oder
sogar Urgroßeltern ungelöste Traumata
übernommen hat, kämpft meist mit vorerst
unerklärlichen seelischen und körperlichen Leiden.
Ein ganzes Leben kann unter dem Bann eines
fremden Schmerzes liegen.
Natürlich kommen nicht alle Glaubenssätze aus
dem seelischen Erbe. Wenn du dich hier aber
wiedererkennst oder beim Reflektieren bemerkst,
dass die Wurzeln deines Leids viel tiefer sind, dann
könnte dies deine Antwort zur Erlösung sein.
Im 1:1 Coaching kann man solche Blockaden sehr
gut mit der Familienaufstellung auflösen.

Familienaufstellung (auch Familienstellen)
bezeichnet ist ein Verfahren, bei dem Personen
(oder Figuren) stellvertretend für Mitglieder des
Familiensystems eines Klienten konstellativ
angeordnet (gestellt) werden, um aus einer dazu in
Beziehung gesetzten Wahrnehmungsposition
gewisse Muster innerhalb jenes Systems erkennen
zu können.
Bei dieser Methode schaut man sich also seine
Familie aus der Beobachter-Perspektive an.
Dieses Verfahren ist nicht nur für vererbten
Schmerz geeignet, sondern auch für andere
Konflikte innerhalb der Familie.
Durch diese Methode kann man einen ganz neuen
Blickwinkel auf seine Familie erhalten.
Im Coaching erzielt man dadurch wunderbare
Durchbrüche. Familien die jahrelang verstrickt
waren, können somit wieder in die Balance und in
den Frieden kommen.
Natürlich kannst du deine Familie nicht ändern,
aber deine innere Einstellung zu Ihnen wird sich
wandeln. Somit steigert es deine Lebensqualität
und löst unglaubliche Blockaden. Im Coaching
geht es in erster Linie um dich. Es geht darum, wie
du zur besten Version von dir selbst wirst. Wie du
deine Innere Haltung und deine Einstellung so
verändern kannst, dass dich nichts mehr aus der
Bahn wirft. Das ist das Geheimnis dieser Methoden
und der Persönlichkeitsentwicklung.
Da unser Gehirn am besten mit Bildern arbeitet, ist
dieses Verfahren sehr bewährt.
Aber auch andere Methoden sind hervorragende
Heiler für seelischen Schmerz, z.B. Imaginationen
in Form von Meditationen. In Experimenten stellte

sich heraus, dass Geistesübungen Schmerzen
ebenso gut lindern können wie starke
Medikamente.
Zugleich konnten die Forscher messen, was dabei
im Gehirn passiert.
Was Meditationen bewirken können, erfährst du im
nächsten Kapitel.
Lass uns doch zunächst schauen, ob es bei dir
vererbte Schmerzen gibt.

Gibt es bei dir Reaktionen / Glaubenssätze /
Emotionen, bei denen du nicht weißt, woher sie
manchmal plötzlich hochkommen?

Ja ☐   Nein ☐

Sind diese Reaktionen / Glaubenssätze / Emotionen
häufig extrem?
(Beispiel: Panikattacken, extreme Angst, extreme
Wut, extreme Schüchternheit, extreme
Glaubenssätze: „Ich bin dumm!"…)

☐   ☐

Ja   Nein

*Wenn du diese Frage mit „Ja" beantwortet hast,
dann kannst du mit den weiteren Aufgaben
fortfahren.*

Bei welchen Situationen reagierst du extrem?
(Beispiel: extrem wütend, extrem panisch, extrem
schreckhaft, extrem schüchtern,..)

———————————————————————————————

———————————————————————————————

———————————————————————————————

———————————————————————————————

Beobachte deinen Körper, wenn er an diese
Situationen denkt. Wird dir warm? Merkst du einen
Kloß im Hals? Macht es dich wütend?
Notiere dir einmal, was du wahrnimmst, wenn du
an diese Situationen denkst.

———————————————————————————————

———————————————————————————————

———————————————————————————————

———————————————————————————————

Stell dir nun vor, was das Schlimmste wäre, was dir
passieren könnte?
Gehe dabei wirklich in die Tiefe. Lass nichts aus.
Schreibe so lange, bis dir nichts mehr einfällt. Höre

dabei auf deine Innere Stimme. Denk nicht nach,
sondern antworte einfach aus dem Gefühl heraus.

Das Schlimmste, was mir passieren könnte…

Schau dir nun deine Notizen genau an. Was kannst du Tieferes daraus entnehmen.

Wenn du z.B. notiert hast, dass du Angst hast zu sterben, dann frage dich wieso du es hast? Was genau macht dir daran Angst? Ist es die Angst vergessen zu werden? Die Angst, dass du nicht weißt, was danach passiert?

Wenn du was anderes aufgeschrieben hast, dann frage dich immer wieso. Bis du einen Schlüsselsatz am Ende gefunden hast.

Um den tiefen Glaubenssatz, den tiefen Schmerz zu finden, musst du erstmal tief graben. Deine innere Stimme wird dir direkt antworten. Denk nicht nach, antworte einfach intuitiv.

Falls du mit diesem Beispiel nichts erreichen konntest, versuche dich mal an Filme oder Geschichten zu erinnern, bei denen du emotional sehr mitgenommen warst.

Stell dir z.B. eine Geschichte vor, bei der eine Mutter ihr Kind zurücklässt. Was genau bewegt dich bei solch einer Geschichte? Ist es eher das allein gelassene Kind, das dir Sorgen macht? Oder ist es die Wut/ Entsetzung über das Verhalten der Mutter?

Jeder von uns reagiert anders bei solchen Geschichten. Doch unsere Reaktion verrät sehr viel über unsere tiefen Emotionen.

So kann dir dieses Beispiel verraten, dass es in der Familie unaufgelöste Schuldgefühle gibt und du sie weiter in dir trägst.

Dieses Thema ist natürlich sehr umfangreich und individuell, da jeder eine andere „Baustelle" hat.

Doch solange du gewisse Muster nicht aufgelöst
hast, so ziehst du immer wieder dieselben
Ereignisse an.
Wenn du also immer Männer mit Problemen
anziehst, kommt dieses „Muster" aus deinem
tiefsten Inneren. Das kann unterschiedliche Gründe
und Ursachen haben, deshalb möchte ich dir mit
diesem Buch den ersten Baustein setzen.
Du solltest wissen, dass die Erkenntnis immer
durch dich entstehen muss. Deshalb sind Coaches
dafür da, eine Art „Anstupser" zu sein. Sie sind die
helfende Hand, die du vielleicht gerade brauchst.
Doch die Erleuchtung muss bei dir von ganz alleine
kommen.
Dann kommt auch plötzlich der „AHA-Effekt" und
die Dinge, die dich einst abgebremst haben, lösen
sich plötzlich in Luft auf.
Es ist wirklich faszinierend, was unsere Seele mit
sich trägt. Du wirst staunen, was du alles erreichen
kannst. Was für eine Persönlichkeit aus dir werden
kann, wenn du dafür bereit bist.

Kapitel 10

Bewusstheit

Der Schlüssel dazu, sich eines glücklichen und erfüllten Lebens erfreuen zu können, ist der Bewusstseinszustand. Das ist das Wesentliche. – Dalai Lama

Das Thema Bewusstheit ist die Endstufe der Persönlichkeitsentwicklung. Wer zu hundert Prozent bei sich ist, in voller Präsenz und Bewusstheit lebt, gehört wohl schon zu den Buddhisten oder ähnlich spirituellen Menschen. Mach dir nichts draus. Es muss nicht dein Ziel, sein hundert Prozent davon zu sein. Aber wenn jeder von uns zu mindestens 70-80% bewusst leben würde, was würde das nur für eine schöne Welt geben?

Wenn du Frieden in der Welt möchtest, dann brauchst du Frieden auf jedem Kontinent.

Wenn du Frieden auf jedem Kontinent willst, dann brauchst du Frieden in jedem Land.

Wenn du Frieden in jedem Land haben willst, dann brauchst du es in jeder Stadt, in jedem Dorf, in jeder Familie und letztendlich brauchst du ihn in dir. Das bedeutet, dass Frieden immer mit dir beginnt.

Wieso ist plötzlich alles so im Kommen? Es gibt plötzlich überall Life- Coaches, Yoga-Studios, vegane Restaurants, Seminare und, und, und.

Wir befinden uns nun in einem neuen Zeitalter. Früher hieß es: Arbeite und lebe!

Es war nicht erlaubt, sich immer auf das Schöne zu
fokussieren. Es liegt in unserer Natur, primär
negativ zu denken als positiv. Hätte der
Neandertaler sich damals zu sehr auf die Schönheit
der Blume fokussiert, als auf seine Angst, so wäre
er vom Säbelzahntiger gefressen worden. Es ist
also in unserer DNA verankert, primär negativ zu
denken als positiv.
Jedoch müssen wir in diesem Zeitalter kaum
Ängste haben. Wir leben in Fülle.
Wir haben viel zu viel. Viel zu viel Auswahl im
Supermarkt, viel zu viele Nahrungsmittel, die wir
wegschmeißen.
Und weil wir oft zu viel haben, verlieren wir auch
an Bewusstheit.
Wir nutzen unsere Sinne kaum, weil wir ständig in
Stress und Ablenkung leben. Dabei schreit die Welt
nach Veränderungen, sonst würde das alles nicht
passieren. Das soll nicht heißen, dass früher alles
besser war. Es soll dich auf die neuen Chancen
aufmerksam machen. Welche Möglichkeiten werde
ich haben? Was ist das Positive daran?
In meinem Coaching empfehle ich Klienten nicht
in die Ablenkung zu flüchten. Natürlich möchte
man sich bei Liebeskummer ablenken. Vielleicht
mit wilden Partys, Alkohol und neuen
Bekanntschaften. Es wird dich aber einholen. Wenn
du deine Gefühle nicht bewusst annimmst und sie
durchlebst, wird dir das irgendwann zum
Verhängnis werden. Es ist in Ordnung
Liebeskummer zu haben und traurig zu sein. Es ist
in Ordnung, wenn dein Herz gerade schmerzt.
Wenn du dich aber total unbewusst ablenkst,

passieren dir vielleicht Dinge die du so gar nicht
erfahren wolltest.

Das beste Tool, um in die Bewusstheit zu kommen,
ist über die Atmung und über Meditation. Wenn du
dich bewusst auf deine Atmung konzentrierst, dann
kannst du nicht denken. Deshalb solltest du bei
Emotionen so lange durchatmen, bis sich das
Gefühl mildert. Du siehst somit klarer und
vermeidest unnötige Aussetzer, Diskussionen und
Ähnliches.

Wusstest du, dass es wissenschaftlich bewiesen ist,
dass Meditationen einen positiven Einfluss auf
unser Leben haben?

Du musst dafür nicht im Schneidersitz hängen und
„oooohm" sagen.

Es reicht aus, wenn du deine Augen schließt und
dich nur auf deine Atmung konzentrierst. Du
kannst aber auch geführte Meditationen hören und
es dir richtig bequem machen. Wenn ich meine
Klienten persönlich führe, erzählen sie mir, dass sie
sich danach wie eingerenkt fühlen. Es ist ein
herrliches Gefühl der Entspannung. Du kannst an
jedem Ort meditieren, ohne dass es andere
bemerken. Schau dir beispielsweise einfach
Regentropfen an oder ein Insekt. Der Punkt ist,
dass du bei einer Sache bist, ohne großartig an
etwas anderes zu denken. So kommst du in deine
innere Ruhe.

Meditieren hebt unsere Stimmung, verbessert
unseren Umgang mit Gefühlen, verstärkt unsere
positiven Persönlichkeitseigenschaften, erhöht
unsere Konzentrationsfähigkeit und macht unser
Denken klarer. Das Ausmaß, in dem all das

geschieht, ist nicht dramatisch, aber deutlich messbar.

Ich möchte dir anhand einer Skizze zeigen, wie wichtig Frequenzen bzw. Energie ist. Wir alle haben Schwingungen und bestehen aus Energie. Ohne Energie können Lebewesen nicht existieren. Auf welchen Frequenzen du schwingst, kannst du aber sehr wohl beeinflussen und somit auch bestimmen, wie zufrieden du in deinem Leben bist.

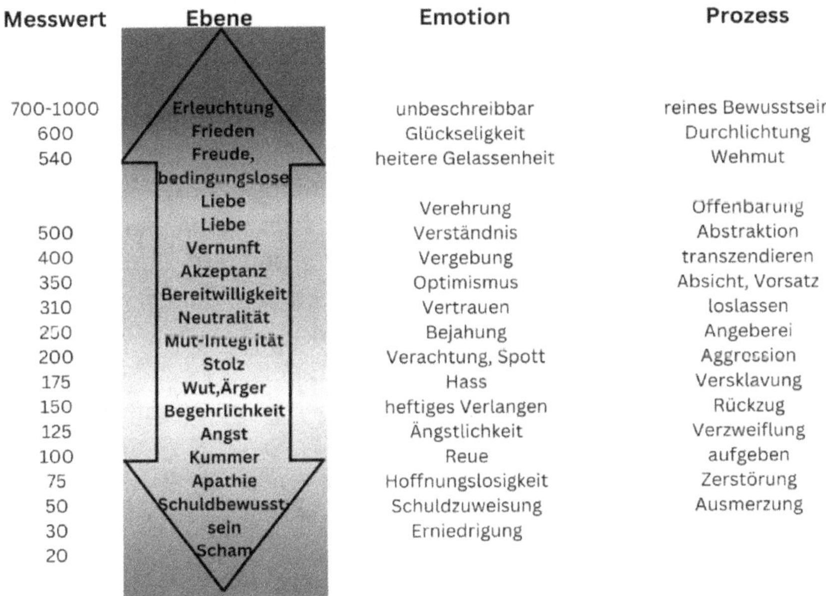

Messwert	Ebene	Emotion	Prozess
700-1000	Erleuchtung	unbeschreibbar	reines Bewusstsein
600	Frieden	Glückseligkeit	Durchlichtung
540	Freude, bedingungslose Liebe	heitere Gelassenheit	Wehmut
	Liebe	Verehrung	Offenbarung
500	Liebe	Verständnis	Abstraktion
400	Vernunft	Vergebung	transzendieren
350	Akzeptanz	Optimismus	Absicht, Vorsatz
310	Bereitwilligkeit	Vertrauen	loslassen
250	Neutralität	Bejahung	Angeberei
200	Mut-Integrität	Verachtung, Spott	Aggression
175	Stolz	Hass	Versklavung
150	Wut, Ärger	heftiges Verlangen	Rückzug
125	Begehrlichkeit	Ängstlichkeit	Verzweiflung
100	Angst	Reue	aufgeben
75	Kummer	Hoffnungslosigkeit	Zerstörung
50	Apathie	Schuldzuweisung	Ausmerzung
30	Schuldbewusstsein	Erniedrigung	
20	Scham		

Wie du sehen kannst, haben negative Emotionen eine sehr niedrige Frequenz. Menschen, die überwiegend in diesem Bereich schwingen, sind oftmals innerlich sehr unzufrieden. Wusstest du, dass ein Negativereignis 4-5 positive Ereignisse benötigt, um wieder ausgeglichen zu werden? Erstaunlich, aber wahr.

Wer überwiegend bedingungslos liebt und in der Dankbarkeit ist, ist zufriedener im Leben. Ein gutes Beispiel sind Menschen aus ärmeren Ländern. Obwohl sie nicht immer viel haben, sind sie über kleine Dinge viel dankbarer und somit auch zufriedener. Wir Westeuropäer können uns davon eine Scheibe abschneiden.

Darum sind Dankbarkeit und Liebe so wichtig in der Persönlichkeitsentwicklung.

Diese beiden Gefühle sind die besten emotionalen Zustände, um vom Leben zu empfangen. Es gibt bereits zahlreiche Studien, die nachweisen, was Dankbarkeit alles bewirken kann. Demnach kann Dankbarkeit dein Glücksempfinden steigern, die Heilung von Krankheiten beschleunigen, deinen Schlaf verbessern, Optimismus und Lebensfreude stärken, chronischen Stress bewältigen, Verbundenheit zu anderen Menschen fördern und viele weitere Dinge.

Menschen, die sehr mit der Natur verbunden sind, sind oftmals bewusster als Menschen, die in der Stadt leben.

Das liegt an der Wahrnehmung.

Fassen wir also mal zusammen. Um absolute Bewusstheit zu erlangen, musst du deinen eigenen Prozess durchleben.

Dazu gehören auch die Kapitel dieses Buches.
Wenn du dies als deine Anleitung verwendest,
wirst du sichtbar und spürbar zufriedener sein.
Ich bin selbst durch all diese Themen gegangen.
Deshalb kann ich dir aus eigener Erfahrung und aus
Überzeugung garantieren, dass es funktioniert,
wenn du nur willst.
Es ist eine Entscheidung, die du allein für dich
treffen musst. Es ist nicht immer leicht an sich zu
arbeiten, aber es lohnt sich immer.
Am Ende wird dein Herz und deine Intuition dir
immer zeigen, was richtig für dich ist. Manchmal
wirst du vom Weg abkommen, dann ist es deine
Aufgabe wieder ins Urvertrauen zu kommen.
Sobald du im Bewusstsein bist, kannst du lernen
deine Gefühle zu kontrollieren. Wenn du ein
Gefühlsmensch bist, dann wirst du dich direkt
angesprochen fühlen.
Menschen, die aus der Emotion handeln, handeln
oft unüberlegt und unbewusst. Emotionale
Menschen haben zwar eine wundervolle Gabe und
können Gefühle viel Intensiver wahrnehmen und
aufspüren als andere, aber sie können genauso
schnell die Kontrolle über sich verlieren.

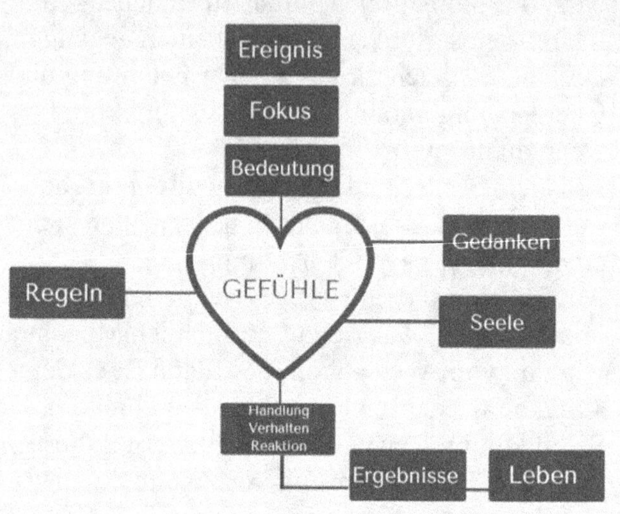

Diese Skizze, zeigt dir wie du deine Gefühle ändern kannst. Natürlich kommt erstmal ein Gefühl in dir hoch, dass du nicht immer kontrollieren kannst. Doch du kannst es Stück für Stück lernen. Wie entstehen Probleme? Wenn wir in der Zukunft sind, oder in der Gegenwart. Durch unser Gedankenkarussel erschaffen wir oft Probleme, die gar nicht da sind oder machen eine Situation schlimmer als sie ist. Gehe immer in die Beobachter Rolle und schaue dir an, welche Bedeutung du einem Ereignis gibst. Denn so wie du reagierst, entscheidest du selbst. Egal was andere tun. Für deine Gefühlswelt bist du verantwortlich. Wenn du nun negative Gedanken hast, schadest du damit deiner mentalen

Gesundheit. Dies hat wiederum zur Folge, dass du
auf eine bestimmte Art und Weise handelst bzw.
reagierst. Das wiederrum beeinflusst das Ereignis
und dein Leben. Du hast es jederzeit in der Hand.
Manchmal sind es wirklich nur kleine
Stellschrauben, die wir verändern müssen. Es ist
immer einfach, den anderen die Schuld zu geben.
Du wirst manche Menschen nicht ändern können,
aber du kannst ändern, wie du darauf reagierst und
vor allem wie du dich danach fühlst.

Kapitel 11

Nahrung und mentale Gesundheit
Du bist, was du isst!

**„*Man soll dem Leib etwas Gutes bieten, damit die
Seele Lust hat, darin zu wohnen!*"**

Da wir gerade das Kapitel Bewusstheit erarbeitet
haben, kommt nun ein essenzieller Teil hinzu. Die
Macht der Nahrung auf das Gehirn:
Studien zeigen immer deutlicher, dass unsere
Ernährung nicht nur unseren Körper, sondern auch
unser Gehirn beeinflusst. Bestimmte Nährstoffe,
Vitamine und Mineralstoffe spielen eine
entscheidende Rolle in der Regulation
neurologischer Prozesse und chemischer
Botenstoffe, die wiederum unsere Stimmung,
Konzentration und Emotionen beeinflussen.
In der heutigen Zeit werden wir täglich mit einer
Fülle von Informationen konfrontiert, die uns
sagen, was wir essen sollten und was nicht. Aber
abgesehen von der körperlichen Gesundheit ist es
wichtig zu verstehen, dass unsere Ernährung auch
einen signifikanten Einfluss auf unsere mentale
Gesundheit hat. In diesem Kapitel erfährst du, wie
Nahrung und mentale Gesundheit miteinander
verbunden sind und was du tun kannst, um deine
geistige Gesundheit durch eine gesunde Ernährung
zu unterstützen.
Wie hängt deine mentale Gesundheit mit deiner
Nahrung zusammen?
Eine gesunde Ernährung kann sich positiv auf
deine mentale Gesundheit auswirken, indem sie das

Risiko für Depressionen, Angstzustände und andere psychische Störungen reduziert. Auf der anderen Seite kann eine unausgewogene Ernährung, die reich an Zucker, Fett und verarbeiteten Lebensmitteln ist, das Risiko für psychische Erkrankungen erhöhen.

Wenn du ein gutes Körpergefühl hast, wirst du schnell merken, wenn du mal wieder aus dem Gleichgewicht gekommen bist.

Oft merkt man, dass man vielleicht in den letzten Wochen zu viel Alkohol, Fett oder Zucker zu sich genommen hat, da sich der Körper dann schnell meldet.

Egal ob mit mehr Gewicht, schlechterem Hautbild, angespannter Stimmung, Trägheit oder Müdigkeit.

All das sind Indikatoren, dass deine Ernährung aus dem Gelichgewicht gekommen ist. Auch ein gesunder Darm ist extrem wichtig, für dein Wohlbefinden und dein Immunsystem.

Wusstest du, dass ca. achtzig Prozent deiner Immunzellen im Darm gebildet werden?

Dein Darm ist im ständigen Austausch mit deinem Gehirn. Geht es deinem Magen-Darm-Trakt nicht gut, dann geht es deiner mentalen Gesundheit auch nicht gut.

Eine Ernährung, die reich an Obst, Gemüse, Vollkornprodukten, magerem Protein und gesunden Fetten ist, kann dazu beitragen, dass du dich besser fühlst und deine geistige Gesundheit verbessern. So wird dein Körper mit wichtigen Nährstoffen wie Omega-3-Fettsäuren, Magnesium, Vitaminen und Mineralstoffen versorgt, die für ein gesundes Gehirn unerlässlich sind.

Beachte auch, dass der Hauptbestandteil unseres Körpers Wasser ist. Täglich ausreichend Wasser zu trinken, sollte ein muss sein. Auf zuckerhaltige Getränke solltest du verzichten, da sie zu Stimmungsschwankungen und Energieabfall führen können.
Ebenso gibt es Hinweise darauf, dass ein zu hoher Fleischkonsum negative Auswirkungen auf die Gesundheit haben kann. Eine Ernährung die reich an Fleisch und anderen tierische Produkten ist, kann zu einem höheren Konsum von gesättigten Fetten und Cholesterin führen, was wiederum das Risiko für Herz-Kreislauf-Erkrankungen erhöhen kann. Studien haben auch gezeigt, dass der Konsum von zu viel Fleisch ein erhöhtes Darmkrebs Risiko hervorrufen kann.
Wichtig ist, dass du dir bewusst bist, dass es viele Faktoren gibt, die deine Gesundheit beeinflussen können.
Hier gilt: „Balance is the key!"
Es ist einfach wichtig, in allem die Waage zu halten. Auf alles zu verzichten und sich alles zu verbieten, wäre nicht der Richtige Weg, in die Harmonie zu kommen. Doch wenn du dich selbst anfängst zu lieben und zu respektieren, dann wirst du mit deiner Gesundheit und deinem Körper ganz anders umgehen. Da sind wir wieder beim Thema der Dankbarkeit. Sei dankbar, für deinen Körper und gib ihm täglich etwas Gutes zurück, für all das, was er am Tag so leisten muss.
Um hier ein kleines Tool zu haben, kannst du eine Art Ernährungstagebuch führen.

So kannst du schauen, wie deine Stimmung und deine mentale Gesundheit in deiner aktuellen Ernährung sind.
Wie du siehst der stand deines Bewusstseins sehr wichtig, für diverse Lebenssituationen.
Auch negative Gedanken machen deinen Körper krank!
Auch hier zeigten Forschungsergebnisse, dass Menschen mit anhaltend negativen Gedanken und Einstellungen ein höheres Risiko für verschiedene psychische Erkrankungen haben. Hierbei wird ein besonderer Fokus auf Depressionen, Angstzustände und Stress gelegt. Diese negativen mentalen Zustände können nicht nur das emotionale Gleichgewicht beeinträchtigen, sondern auch den physischen Körper belasten.
Abschließend lässt sich sagen, dass wir unsere Ernährung gezielt zur Förderung unserer mentalen Gesundheit einsetzen können. Kleine Veränderungen im Speiseplan können einen erheblichen Beitrag zu einem positiven mentalen Wohlbefinden leisten.
Indem wir verstehen, dass wir nicht nur durch unsere Gedanken, sondern auch durch das, was wir essen, geformt werden, eröffnet sich eine neue Perspektive auf die Pflege unserer mentalen Gesundheit. Dieses Kapitel zeigt dir also wie du durch bewusste Ernährung nicht nur deinen Körper, sondern auch deinen Geist stärken kannst.

Was ich dir noch sagen möchte:

Liebe Leserin, lieber Leser,

ich möchte zuerst einmal meine aufrichtige Freude
darüber ausdrücken, dass du dieses Buch gelesen
und in dich investiert hast. Die Bereitschaft, an sich
selbst zu arbeiten und nach Wegen zu suchen, ein
erfülltes Leben zu gestalten, ist der erste Schritt auf
einer bemerkenswerten Reise.
Ich hatte bereits die Ehre, viele Menschen auf
ihrem Weg zu begleiten und zu unterstützen, um
ihr Denken, Handeln und Fühlen zu reflektieren.
Dabei ging es immer darum, ein authentisches und
glückliches Leben zu erschaffen. Durch dieses
Buch reiche ich dir eine Fülle von Werkzeugen und
Hilfen, die dir auf deinem Weg weiterhelfen
können. Denn ich bin überzeugt davon, dass du
dieses Buch nicht zufällig in die Hand genommen
hast – du hast es gelesen, weil du nach
Veränderung strebst und daran glaubst, dass du in
der Lage bist, dein Leben zu gestalten.
Öffne dein Herz für die guten Dinge im Leben,
gestalte es nach deinen eigenen Vorstellungen und
höre niemals auf, deinen Horizont zu erweitern.
Die Erkenntnisse, die du durch dieses Buch
erlangst, können dir auf diesem Weg von
unschätzbarem Wert sein. Doch bitte hab Geduld
und vertraue dem Leben. Die Entwicklung beginnt
im Inneren, in deinem Denken und Fühlen, bevor
sie sich im realen Leben manifestiert.

Nun wünsche ich dir von ganzem Herzen, dass du
die Person wirst, die du sein möchtest. Denke

daran, dass du die Fähigkeit und die Kraft in dir
trägst, dich weiterzuentwickeln und dein Leben zu
gestalten. Es ist meine Hoffnung, dass dieses Buch
dir auf diesem Weg eine wertvolle Begleitung sein
wird.

Alles Liebe!

Deine Diana

Danksagung

Liebe Wegbegleiter,

in dieser Danksagung möchte ich besondere
Menschen hervorheben, die auf einzigartige Weise
meinen Weg begleitet und mein Buch maßgeblich
beeinflusst haben.
Ein besonderer Dank gebührt den Freunden, die mit
mir durch Höhen und Tiefen gegangen sind. Eure
Loyalität und eure aufmunternden Worte haben
mich gestärkt, wenn ich Zweifel hatte, und haben
die Freude an meinen Erfolgen noch intensiver
gemacht.
Elena: Danke für deinen Glauben an mich und die
tiefe Verbindung, die uns verbindet. Du bist nicht
nur eine Freundin, sondern auch meine Familie.

Sandrina: Dein Support und Rückhalt haben mir in
schwierigen Momenten Kraft gegeben. Danke für
deine bedingungslose Unterstützung.

Batul: Unsere wundervolle Freundschaft ist für
mich ein Geschenk. Danke, dass du ein Vorbild für
mich bist und unsere Verbindung so besonders ist.

Adriana: Über 24 Jahre Loyalität und
Zusammenhalt – du wirst immer ein großer Teil
meines Lebens sein.

Lisa: Danke für all die Erlebnisse, die wir
gemeinsam hatten, und für unsere tiefgehenden
Gespräche.

Christin: Du bist mein Balsam für die Seele.
Danke, dass ich mich in deiner Nähe immer
geborgen fühle.

Nina: Deine Art, Freundschaft zu leben, zeigt mir,
dass sie mehr ist als nur zu schreiben. Danke für
deine Authentizität.

Magda (meine liebe Cousine): Danke für dein
einzigartiges Wesen und die wertvolle Arbeit, die
du in die Welt bringst.

Sandra Bendix und Petra Knauf-Diederichsen, eure
Arbeit hat mich immer wieder auf meinen Weg
zurückgeführt. Danke für eure Unterstützung und
eures überragenden Coachings.
Ihr trägt einen großen Teil zu diesem Werk bei!

Ein großer Dank gilt auch den Menschen, die mich
kritisch hinterfragt haben. Eure konstruktive Kritik
und eure Herausforderungen haben mich dazu
motiviert, über den Tellerrand zu schauen und mich
weiterzuentwickeln. Insbesondere ein großes
Dankeschön an meine Dualseele. Ohne dich wäre
ich nicht die Diana, die ich jetzt bin.

Julia, für deine Mitwirkung und Unterstützung bei
diesem Werk, danke.

Liebe Anna, danke für deine Korrekturlesung und
deinen Support.

An meinen liebsten Seelenpartner, der genau dann
in mein Leben trat, als ich es am wenigsten

erwartet hatte: Du zeigst mir, wie bedingungslos und wunderschön die Liebe sein kann. Ich danke dir, dass du mich so liebst wie ich bin.

Mein Vater, trotz seiner herausfordernden Art, danke ich dafür, dass sein Verhalten mich gelehrt hat, welcher Mensch ich sein möchte, und dass ich die Muster des Familienerbes durchbrechen konnte.

Liebe Mama,

Mit tiefem Herzen und großer Dankbarkeit widme ich dir diese Zeilen als Ausdruck meiner Wertschätzung für deine einzigartige Rolle in meinem Leben. Du bist nicht nur meine Mutter, sondern auch mein leuchtendes Vorbild, ein Quell bedingungsloser Liebe, ein Symbol für Mut und die feste Verankerung in unserer Familie.
Du bist mein Vorbild in jeder Hinsicht. Deine Stärke, Ausdauer und Entschlossenheit haben mich gelehrt, dass Hindernisse überwunden werden können und Träume erreichbar sind. Du hast immer einen Weg gefunden, das Unmögliche möglich zu machen, und mich dazu inspiriert, nie aufzugeben. Deine Liebe ist bedingungslos und unerschütterlich. In guten wie in schlechten Zeiten hast du mir Liebe geschenkt, die weit über Worte hinausgeht. Deine Opferbereitschaft und Hingabe haben mir gezeigt, was wahre Liebe bedeutet, und dafür bin ich zutiefst dankbar.
Dein Mut ist eine Quelle der Inspiration. Du hast Herausforderungen mit Würde und Kraft gemeistert, und dabei nie den Glauben an das Gute verloren. Dein unerschrockener Geist hat mir

beigebracht, dass Mut nicht bedeutet, keine Angst
zu haben, sondern die Kraft, trotz der Angst
voranzuschreiten.
Die feste Verbindung zu unserer Familie ist ein
unschätzbarer Schatz, den du geschaffen hast. Dein
Einsatz für Harmonie, Zusammenhalt und
bedingungslose Unterstützung hat unser Zuhause
zu einem Ort der Geborgenheit gemacht. Du hast
uns gezeigt, dass Familie der Anker ist, der uns in
stürmischen Zeiten Halt gibt.
Diese Danksagung soll nur ein kleiner Ausdruck
meiner Dankbarkeit sein, die sich in jeder Seite
meines Buches und in jedem Gedanken
widerspiegelt. Deine Liebe, Weisheit und Kraft
haben maßgeblich dazu beigetragen, dass ich heute
diese Worte schreiben kann.
Danke, liebe Mama, für all die Opfer, die Liebe,
den Mut und den Zusammenhalt. Dieses Buch ist
nicht nur mein Werk, sondern auch ein Tribut an
dich und die wunderbare Familie, die du geschaffen
hast.

An meine Kinder:

Ihr seid meine Vorbilder, in denen ich täglich
Bewunderung finde. Eure Unschuld, Ehrlichkeit
und eure Fähigkeit, die Welt mit einem offenen
Herzen zu betrachten, inspirieren mich, ein besserer
Mensch zu sein. Eure Lebensfreude und Neugierde
sind für mich ein ständiger Ansporn, das Gute im
Leben zu schätzen.
Eure bedingungslose Liebe ist das wertvollste
Geschenk, das ihr mir jeden Tag gebt. In
Momenten der Freude und der Herausforderung

habt ihr mich mit eurer Liebe gestärkt und mir
gezeigt, dass bedingungslose Unterstützung das
Fundament wahrer Verbundenheit ist. Eure Liebe
hat mein Herz geöffnet und meine Seele genährt.
Ihr habt mich gelehrt, mehr als ich mir je hätte
vorstellen können. Durch eure Augen sehe ich die
Welt mit neuer Perspektive. Eure Fragen haben
mich dazu gebracht, über das Leben nachzudenken,
und eure klugen Einsichten haben mich geformt.
Eure Neugier hat meine eigene Entdeckungsfreude
wiederbelebt.
Ihr seid der Sinn meines Lebens. Jeder Tag mit
euch ist ein Geschenk, das ich in vollen Zügen
genieße. Eure Anwesenheit macht jeden Moment
kostbar und euer Lächeln sind die Sonnenstrahlen
in meinem Leben. Die Verantwortung, euch
aufwachsen zu sehen, gibt meinem Dasein einen
tieferen Sinn.
Durch euch bin ich zu einem besseren Menschen
geworden. Euer bedingungsloses Vertrauen hat
mich dazu angespornt, selbstreflektierter zu sein
und an mir zu arbeiten. Eure Liebe hat mich
gelehrt, großzügiger und mitfühlender zu sein. Ihr
seid meine größten Lehrer, und ich bin dankbar für
jede Lektion, die ihr mir erteilt habt.
In dieser Danksagung möchte ich euch für all das
danken, was ihr in mein Leben bringt – Liebe,
Freude, Weisheit und Bedeutung. Ihr seid meine
größte Inspiration, und ich freue mich darauf,
gemeinsam mit euch weiter zu wachsen und die
Wunder des Lebens zu entdecken.
Mit all meiner Liebe,

Eure Mama

Literaturverzeichnis

Stahl, Stefanie: Das Kind in dir muss Heimat
finden : Der Schlüssel zur Lösung (fast) aller
Probleme. M: Kailash Verlag, 2015.

Dispenza, Joe: Ein neues Ich : wie Sie Ihre
gewohnte Persönlichkeit in vier Wochen wandeln
können ; [Praxisbuch]. Burgrain: Koha, 2012.

Byrne, Rhonda: The Secret - Das Geheimnis.
Göttingen: Arkana, 2012.

Wolynn, Mark: Dieser Schmerz ist nicht meiner :
Wie wir uns mit dem seelischen Erbe unserer
Familie aussöhnen. München: Kösel-Verlag, 2017.

Erwähnung Sandra Bendix
https://www.hypnosetrend.de/ucbcr-mich

Erwähnung Petra Knauf-Diedrichsen
https://www.petraknaufdiedrichsen.com/

Erwähnung Claudia Bechert-Möckel
https://leben-lieben-lassen.de

Erwähnung Christian Bischoff
https://christian-bischoff.com